0歳から3歳

保育・子育てと発達研究をむすぶ

【乳児編】

神田 英雄　著

はじめに

子どもと暮らす時の流れは、一様ではありません。

はじめての子どもが産まれて最初の一か月は、なんと時間がのろのろと過ぎていくのでしょうか。体重の伸びは順調だろうか、便がつまってはいないだろうか、風邪をひかせはしないだろうかとおそるおそる子育てをしながら、ときおり見せる笑顔を見逃すまいと、何度も何度も赤ちゃんの顔をのぞき込みます。

一か月、三か月と経過するうちに、時間の流れは少しずつ速くなっていくようです。そして、いつの間にか、赤ちゃんは家族の一員としてしっくりと位置づいて、ずっと前からそうであったかのような自然さで、子どもとともに泣き笑いをする日常が生まれてきます。

子どもの年齢が一歳から三歳までの時期は、ゼロ歳の頃と比べれば時間の流れはぐっと速くなっていますが、それでも、その後と比較すれば——とりわけ小学校に入学して以降の時の流れのめまぐるしいスピードと比べれば——、まだまだゆっくりとしているようです。親の主観からみると、最初の三年間は子育て全部の時間の三分の一ほどにも匹敵するのではないでしょうか。

最初の三年間は、あとから振り返るととても懐かしく、特別の感慨があります。入学直後の一年生の春のような特別の意味があるのでしょう。しかし、その渦中にあるときは、喜びが大きい反面、子育ての大変さにため息をつくこともたくさんあります。喜びと大変さの振幅の大きさが、この時期の両親の精神生活の基調色なのかもしれません。

乳児を育てる大変さは昔からあったし、将来的にも変わることなく続いていくのだと思いますが、しかし、今日の日本にあっては、かつて以上に子育てがつらくなっているように感じられます。

大人の便利さを中心に作られた世の中のしくみが、子育てをする大変さをかつてなく大きくしています。子どもをつれて外出すると、一瞬たりとも子どもから目を離せません。戸外では目を離したスキに交通事故に遭うかもしれませんし、マーケットの中では勝手に商品を取ったりパックを破いたりしてしまうかもしれません。二四時間子どもから目を離せない生活でくたくたになっているのに、さらに子どもの将来を思うといじめがあったり、受験競争が待っていたりして、不安がいっそうかき立てられてしまいます。両親が共働きをしている場合には、労働時間と通勤時間が長くて、子育てのための体力や精神力まで奪われてしまうかのようです。

このような時代だからこそ、私たちは子どもの育ちのいちばん太い幹をしっかりと見据えておく必要があるでしょう。子育て真っ最中の時、親は子どもの小さなことに一喜一憂してしまいます。おむつを取るのが少し遅れたとき、「大人になってもおむつをしている人はいない。いつかはとれるさ」と考えながらも、実際には気を病んでしまうものです。しかし、やはり「大人になってもおむつをしている人はいない」というのが正しいのではないでしょうか。そういうことよりも、子どもが育つ人間らしさのもっとも中心になる部分――生きていく楽しさを知り、自分と友だちを信頼して誇りと喜びを持って育っていく力――の育ちをきちんと見つめていきたいと思います。多少だらしがなくても、多少引っ込み思案でも、多少ワガママでも、人間らしさの基本がしっかりしていれば、どの子もきっとすばらしく育つのだと思うのです。

本書では、ゼロ歳末から三歳までの育ちを、このような観点から描き出してみました。保育園でいえばゼロ歳児クラスから二歳児クラスまで、幼稚園に入る子どもであれば、三年保育で入園する前の年までが、本書の守備範囲です。

子どもの成長を心理学では「発達」と言いますが、発達研究の専門書は特定のテーマを深くつっこんでいくので、子育てや保育とのつながりが見えにくくなっています。他方、育児書は子育てのいろいろな側面について具体的に教えてくれますが、それが子どもの「発達の幹」とどう関わっているのかを理解する上では不十分なことがあります。本書が目指したのは両者の結節点です。発達論についてはこれまでの発達研究に学び、子育てや保育については数多くの保育実践から学びました。そして、日常生活の中で生きている具体的な子どもの姿を描きながら、それが発達の大きな流れの中でどう生み出され、次の成長へとどうつながっていくのかを記すことが本書の目的です。

本書は、子育て中のご両親や、乳児保育に携わっている保育者のみなさんを対象として書かれています。子どもの育ちの大きな流れが見えてきて、それが子育てや保育の見通しにつながり、「子育ての三分の一」の時間をいっそう楽しくする上で少しでも役にたてたらいいな、子どもの育ちを両親と保育者が共有してほんとうの協力関係が生み出されたらいいいな、というのが、著者の願いです。

なお、本書は全国保育団体連絡会編集の雑誌『ちいさいなかま』(一九九四年一〇月号〜一九九五年六月号)に連載した「発達研究と実践をむすぶ」に加筆したものです。

目次

第二章　子どもの豊かさの広がりに共感して
――一歳～三歳の子どもたち（その一）

第三章　生まれはじめた小さな自尊心

写真・みよし保育園　ほしざき保育園

第一章 人とともに世界に立ち向かいはじめる頃

――九か月～一歳の子どもたち

一．子どもの発達の「革命的な変化」

九か月～一〇か月頃の子どもたち

ゼロ歳後半、九か月～一〇か月頃のことから発達の説明を始めたいと思います。

生後九～一〇か月頃は子どもが大きく変わるときです。やまだようこさんは、この頃に「乳児の生活全般にわたって革命的といってよいほどの大変化がおこる」と述べています（やまだようこ『ことばの前のことば』、新曜社、一九八七、八一ページ）。

「革命的」と言えるほどの重大な変化とは何でしょうか。

私はまず、二つの点でこの頃の変化を押さえておきたいと思います。

第一は、子どもが大人とともに事物に関心を向け、事物への関心を大人と伝え合うようになるということ、第二は、乳児は大人と伝え合う中で、いじる対象としてだけではなく、見る対象としても事物に関心を向けはじめるということです。

順にお話ししていきましょう。

三項関係の成立

第一の点について、やまだ氏は、次のように記しています。

「生後六、七か月頃の乳児は物を操作しているときは物にのみ注意を向け、人を相手にしているときは人にのみ注意を向けている。七か月児が母のひざの上で机の物とあそんでいるところをＶＴＲに撮って観察すると、母の方を振りかえって見る行動はほとんどみられなかった」。ところが、九か月になると様子が大きく変わってきます。「おもちゃを見ると、つかむ前に母親を振りかえって見てからおもちゃをつかんだり、物をつかんで母親にさし出して見せたり、物を指して母親に話しかけたりしたのである」（やまだようこ、前出書、一二七〜一二八ページ）。

それまで「物と自分」「相手と自分」という二者だけのかかわりで活動していた乳児は、九か月頃から「自分と物と人」という三者を結びつけて活動するようになります。それが第一の大きな変化です。

やまだ氏は、このような関係を三者からなる関係として「三項関係」と名づけました。これに対して、「物と自分」「相手と自分」というそれまでの関係は「二項関係」ということになります。九か月頃まで、赤ちゃんは「人と関わればそれだけで頭がいっぱい」「物をいじれば人のことを忘れてしまう」という状態でした。九か月〜一〇か月頃からそのような制限を脱して、二項関係から三項関係へと発達していくわけです。

三項関係が重要なのは、何かについて伝え合う関係が大人と子どもとの間に成立するからです。ゼロ歳前半の、顔を見せあって交歓する「二項関係」の活動では、大人と子どもは表情やしぐさを通して楽しさや喜びを交換しましたが、そこでは感情が伝染するように伝わるのであって、何かについての情報を交換するものではありませんでした。ところが、たとえば手に持ったおもちゃをかざして大人に見せるという三項関係の活動では、「オモシロイモノガ、アッタ」というような、対象物（この場合は手に持ったおもちゃ）についての情報を相手に伝えるわけです。ことばは何かについての情報を相手に伝えるものですが、三項関係の活動は、ことばと同じ働きを、ことばの成立に先立って実現しているものだといえるでしょう。

見ることを通して関心を結ぶ

九か月～一〇か月頃のもう一つの変化は、いじるだけでなく、見ることによっても事物への関心を持続できるようになることです。

手がまだ自由でないゼロ歳前半の五～六か月頃まで、乳児は主として目や耳を通して外界への関心を示していました。ところが、事物をいじれるようになると、見るよりも聞くよりも、手を伸ばして取る・いじるということが最大の関心事になります。事物操作が始まる六〜七か月頃、子どもたちは見た瞬間に手を出して事物をとろうとしますし、いじれない物についてはは関心を失うことが多々あります。たとえば、いじっている間はボールに関心を持っていても、ボールが手からこぼれてコロコロと転がっていってしまうと関心が切れて、手近にある別の物をいじり出します。ところがゼロ歳末になると、手から放れたボールを目で追い続け、ボールが穴に落ちたりすれば、にっこりして大人を振り返るでしょう。

子どもたちの関心は目や耳から始まり、とにかくいじりたいという時期を経て、もういちど目を使った関心が高まってくるのです。

いじったり取りに行ったりしないで、物を見ること。いじることのできない遠くの物に対しても関心を向けて見ること。いじる前に調べるように物を見ること。いじったあとで確かめるように物を見ること。目で関心を向けることによって、たたきつける、なめる、打ち合わせる、というような単調な操作の繰り返しであったそれまでの事物操作も豊かさを増し、差し込んだり、はめ込んだりというような、物の形態に応じた活動がふくらんでいきます。

見る活動が大切なのは、「見る」という活動が、やはりことばの先駆けとなっているからです。

子どもたちは何らかの要求を実現するためにことばを覚えるのではなく、自分が見た物を叙述して相手に伝えるためにことばを獲得していきます。とったり、いじったりしたいのであれば、子どもたちは物の方へ両手を突き出し、身を乗り出して「ア、アー」と要求するでしょう。ところが、ことばを発する場面では、子どもたちは対象を指さしながら、体は伝える相手に接近したところに置いて、時には相手をふりかえりながら「ワンワン」と言います。ことばの意味も、「犬がいた」という喜びを共感したいということであって、「ワンワンをこっちに連れてきて」というような要求実現のための手段として使われることはほとんどありません。「いじりたい」「とりたい」という要求ではなく、「見てうれしい」という要求が基礎となって、ことばは成立してくるわけです。

大人とともに外界の認識を作り出す子どもたち

このように、九か月〜一〇か月頃、乳児は新しい活動のしかたを獲得します。大人と顔と顔を見つめ合って交流を楽しむという「二人の世界」を楽しんでいた子どもたちは、大人といっしょにまわりの世界を見つめはじめるようになります。子どもたちは何かを見つけたら指さしをして大人に教え、大人と一緒に対象を見つめることを通して、周囲の事物からその対象を切り取り、認識を形成していきます。また、何かの行動をしたあとで（たとえば、物を穴にポトンと落としたあとで）大人をふりかえり、「上手に入れたねー」という動作の意味や物の状態を大人と伝え合うことを通して、動作や状態についての認識を形成していきます。こうして、乳児は大人と一緒にまわりの世界に立ち向かい、一緒に見たり聞いたり、活動したりする中で認識を育てていく時代に入っていきます。それが、九～一〇か月以降の子どもの活動形態なのです。言語はこの新しい活動形態を基礎として生み出されていくわけです。

早い子で九か月頃から始まる「指さし」は、「三項関係」と「視覚による関心」とが一体化したものとして、この時期の発達にとってとりわけ重要なものと考えられています。たくさんの研究者が指さしの研究にとりくんできました。指さしの分類や、その名づけ方、出現の順序などについては諸説ありますが、おおよそ九か月から一歳頃の間に指さしが出現し、ことばが出る前兆となるという点で諸研究は一致しているように思われます。

たとえば、田中昌人・杉恵氏は、一一か月頃、子どもたちは「何かを見つけた」という気持ちを指さしで表出するようになり、一歳半頃には、絵本にあるたくさんの絵の中から相手に聞かれたものをさがして指さしをするようになると指摘しています。そして、前者を「定位の指さし」、後者を「可逆の指さし」と呼び、定位の指さしが出る頃に初語的な音声が出、可逆の指さしの出現する頃からことばが爆発的にふえていくと述べています（田中昌人・杉恵『子どもの発達と診断　２乳児期後半』、大月書店一九八二、一二三ページ、および、一二一ページ）。

二、色どり豊かな世界との出会い

乳児と大人の感情は表情を介して伝えられる

前項で、九～一〇か月頃から、子どもたちは見たことを大人と伝え合うことによって言葉の基礎となる認識の力を育てていくと述べました。しかし、この頃の重要さは、認識の基礎を作るだけにとどまりません。情緒的な大きな変化も、この頃に準備されると考えられます。

子どもたちは大人の表情を利用することが得意です。転んで、泣こうか泣くまいか決めかねているとき、親の顔をちらっと見て、親がびっくりした顔をしているとやおら泣き出します。イタズラをしているときにも、大人の顔をちらっと見て、叱られそうもないなと感じとると、いっそうハデにイタズラをエスカレートさせます。表情をうかがうことは、大人にはあまり歓迎されません。五～六歳になって、しょっちゅう大人の顔色をうかがうようであれば、「自分で判断しなさい」と、情けなく感じてしまうでしょう。しかし実は、表情の読みとりは、乳児期の子どもにとっては発達の根幹に関わる非常に重要な意味を持っていると考えられるのです。

「表情を読む」という現象は、乳幼児精神医学の分野で、母子の愛着研究の流れのなかで研究されてきました。

乳幼児期における親と子の情緒的な絆（愛着）が子どもの発達に不可欠であることは、多くの研究によって指摘されています。愛着が形成されるためには、親は子の情緒的な状態を読みとり、子は親の情緒的な状態を読みとることができなければなりません。やりとりをするなかで、子と親は喜びの感情を伝え合い、相手も自分と同じように喜んでいることを感知して、感情的な絆を形成していきます。もちろん、ゼロ歳のはじめは自己と他者という自他認識が存在しているわけではありませんから、親の喜びを「相手の気持ち」として把握するのではなく、親のそばではいつにもまして喜びが大きくなるという、親子が一体化した喜びの高揚感を感じるということでしょう。いずれにせよ、親と子の感情が伝わり合うことが重要であり、その感情伝達の通路となっているのが表情だというわけです。

人に対する乳児の笑顔は誕生後一か月頃から見られます。三か月になれば、大人が顔を見せるだけで、手足をばたばたさせたり、身をそらせて声を立てて笑うようになります。しかし、三か月頃までは、まだ大人の顔に対する反応であって、表情に対する反応とは言い切れません。ところが、まもなく、乳児は表情に対して反応するようになります。大人が乳児の顔を無表情にずっとのぞき込んでいると、乳児は最初は笑顔を返しますが、そのうちに笑顔が崩れ、やがて泣き出してしまうでしょう。

このような発達の経過を見ると、表情が感情伝達の窓口になっていて、感情の伝え合いを通して親と子の愛着が形成されていくということは、十分にうなずけます。もちろん、子育てに関わる人から見れば、表情やそぶりを介して感情や情緒が伝わることは言わずもがなのことでしょうが、この当たり前のことをきちんとおさえておくことが、子どもを理解するうえでも、親の子育てを理解する上でも、とても重要なのではないかと思うのです。

親の表情が子どもを勇気づける

まず、子どもについて考えてみましょう。

乳児は大人とのやりとりのなかで、相手の表情を読みとる力をしだいに洗練させていきます。そして、やがて物をいじったり移動できたりするようになると、その力は発達にとって新しい意味をもちはじめます。大人の表情によって自分の能動的な活動を支え、周囲の事物や身の回りの出来事の意味を理解するようになるということです。

コロラド大学のエムディたちは、一歳三か月の乳児を対象として、親が新聞を読んでいるときと新聞を読まずに子どもを見つめているときとで、子どもの活動がどう違ってくるのかを研究しました。それによると、親が自分を見ていてくれるときの方が、乳児は探索活動やあそびを楽しめるし発声や発音も豊かだったということです。逆に、親が新聞を読んでいて自分を見てくれない場合、子どもは親のまわりにまとわりつくことが多くなったといいます（エムディ他「乳幼児からの報酬：情緒応答性と母親参照機能」、コール他編・小此木啓吾監訳『乳幼児精神医学』、岩崎学術出版社、一九八八、所収）。

親が自分を見つめているならば、子どもたちは自分のいるところが安全なのか危険なのかを、親の表情を手がかりにして判断することができます。また、自分のしていることが面白いことなのか、やってはいけないことなのかも、親の表情を介して確かめることができます。親の表情が子どもに安心感や安定感を与え、子どもの能動性を高め、活動を方向づけるといえるでしょう。表情の読みとりはこのように活用されるわけです。ところが、親が新聞を読んでいて自分を見つめてくれないとき、子どもは親の表情を利用することができません。そのために精神的な安心感を得ることができず、親のそばを離れられないし、遊びにも入っていけなくなります。

ゼロ歳前半の時期、子どもと親とは一方が笑うと他方も笑うというように、一体的な関係にありました。しかし、移動運動を覚え、ものをいじりはじめるようになると、子どもは親の元から離れていきます。そのとき、一体的関係の中で築かれてきた表情による伝え合いは、子どもの「冒険」を支え励ますという新しい役割を果たすようになるのです。子どもが遊びながら大人の表情をちらっと見る「表情への問い合わせ」は、認識の育ちの幼い乳児が大人からの励ましを得、「これをしていいの?」「これはおもしろいの?」という、対象や状況の意味を知るための重要な方策であったわけです。

この時期、子どもがいつも大人の表情を利用できない立場におかれたとしたら、どうなるでしょうか。園で、クラスが落ちつきがなくてたくさんの友だちがうろうろして保育者の目をさえぎってしまうようなとき。あるいは、保育者がばたばたと忙しく動きまわって、落ちついて子どもを見ていてくれないとき。家庭で、持ち帰りの仕事が多いために、親が子どもに言葉はかけるけれども顔は向けずに仕事をしているようなとき。またあるいは、それまでの大人とのやりとりが不十分なために、親の表情を読みとろうとする構えが子どもの中に育ちきれていないとき。子どもは安定感を得られないから、ちょっとしたことで激しく泣いて不安を表明したり、大人のそばを離れられなくなったりするかもしれません。

「これをしていいの?」という「表情への問い合わせ」をせずに動きまわるから、衝動的だったり、乱暴だったりするかもしれません。どちらの場合でも、大人の表情による支えが得られないとき、子どもの発達はちょっとした困難を抱えることになってしまうでしょう。ですから、表情を介したやりとりを十分に保障することが、この時期の大きなポイントとなってきます。

言葉の意味を豊かにするために

無藤隆氏は、それまでの研究やご自身の研究を整理して、右に述べたような表情の活用は、生後一〇か月頃から可能になるようだと述べています(無藤隆『赤ん坊から見た世界』、講談社現代新書、一九九四)。子どもが何かのおもちゃで遊ぼうとしているとき、親が楽しそうな表情で子どもを励ますと、一〇か月以降の子どもは「このおもちゃはおもしろいものだ」というメッセージとしてその表情を受けとめる。すなわち、親の表情を、おもちゃ(対象)に対する感情的な情報として受けとめます。ところが一〇か月以前では、親の楽しげな表情はおもちゃに対する情報としてではなく、子どもの気持ちを一般的に高揚させる働きをするというのです。

表情によるやりとりが一〇か月頃に質的に変化するというのは、興味深いことです。前項で述べたように、一〇か月は、親と子が同じ物を見て、関心を共有しながら対象認識を形成する「三項関係」の活動がはじまる時期です。ちょうどそのとき、大人と子どもは表情を介して、それが面白いものなのか危険なものなのかという、対象の意味をも伝え合うようになるわけです。すなわち、三項関係の成立を基盤として、子どもと大人は認識的な面と、感情的な面との両方の意味を込めて、大人と「会話」を始めるということになります。大人と子どもがバスを指さして伝え合うとき、伝え合う中味には、「バスというのは四角い形をした大きな乗り物」という客観的な認識とともに、「堂々としていて魅力あふれるもの」という感情的な意味とが含まれていると考えるべきなのです。客観的な認識は、物自体が教えてくれるでしょうし、感情的な意味は、伝え合うときの表情やそぶり、声に込められた感情が教えてくれるでしょう。そして、感情的な意味の伝え合いは、ゼロ歳初期からの表情を介した感情交流によって可能となったものなのです。

このように、九か月～一〇か月頃に成立する三項関係は、知的な面でも、情緒的な面でも、その後の子どもの成長の重大な基礎になっていることがわかります。

もちろん、九か月、一〇か月という年齢はあくまでも目安の年齢ですので、この時期にぴったりとこの活動が発生しなければならないというわけではありません。多少遅い場合でも、将来に発達上の問題を残すということはほとんどありません。しかし、三項関係や視覚的な関心が弱い場合には、言葉の育ちが遅れたり、子どもたちの表情が硬かったり、気分がいつもすぐれなかったり、他者と世界を共有するときのはればれとした笑顔が乏しかったりすることも事実なのです。

その後に獲得される言葉も、三項関係のありようを色濃く反映していると考えられます。言葉は三項関係を基礎として成立してくるのですから、獲得される言葉の意味にも認識的な面と感情的な面とがともに存在します。「バス」という言葉をおぼえた子どもは、客観的な認識とともに、感情的な意味を込めて「バス」という言葉を使うでしょう。客観的な認識が込められていなければ言葉は第三者には伝わらないでしょうし、主観的な感情的評価が込められていないと、子どもは単に知っているだけで自分には関係ないものとして言葉を使うこと（つまり、「思い」のこもらない言葉）になってしまいます。

客観的な認識と感情的な意味とがともに込められた言葉を子どもたちに獲得させていきたいものです。そうすることで、子どもたちは知的にも情緒的にも、この世の中としっかりと関わっていけるようになるでしょう。そのためには、大人と子どもがいっしょにものを見て言葉を交わすだけでは足りません。物にたいする感情的な意味を共有することが、言語獲得期には大切だということです。そして、それは絵カードを次々に見せて言葉を教え込むというような、「知的」に偏った言葉の教え方とは根本的に違った子育てや保育に

なるはずなのです。(注1)

表情による伝え合いの光と影

ここでもういちど、ゼロ歳児期の表情を介した感情の伝達という話題に戻り、これを親の側から考えてみたいと思います。

表情を介して相手の感情が他方に伝わるということは、子どもにとっても親にとっても大切なことです。親の笑顔を見て子どもが楽しくなるように、子どもの笑顔を見て親も楽しくなります。表情を介したやりとりが基盤になっているというゼロ歳初期の発達の特徴は、子育てに喜びをもたらすすばらしい仕掛けなのだと言えるかもしれません。

ところが、その同じことが、ある場合には親を追いつめ、子育ての揺れを作り出してしまいます。第一に、表情による伝達には大きな制約があるということです。表情やそぶりは、感情や情緒の状態は伝えるけれども、なぜその感情が引き起こされたのかという原因を十分には伝えてくれません。第二に、私たち人間は表情を取り繕うことがとても苦手だということです。疲労困憊しているとき、悩み事を抱えているとき、仕事に追われて精神的な余裕を持てないとき、私たちが笑顔を作るためには多大な努力が必要とされます。

子どもが泣いているとき、大人は「泣き」によって子どもの状態を把握しますが、泣いている原因はその他の状況から判断することが多いものです。ミルクを与えてから時間が経っていれば「おなかが空いたのだな」と判断し、おむつが臭えば便が出たのだと判断します。しかし、材料が乏しくて判断できない場合はどうでしょうか。「不快」の状況は親に伝わる一方、原因が分からないから対処できない。情緒は伝わるけれども原因が伝わらないということが、時として親を追いつめてしまいます。

疲れ切っている親が、わが子にすまないと思いながらも、笑顔で子どもに関われないこともあるでしょう。そんなとき、親の表情から喜びが伝達されませんから、子どもも笑顔を見せてくれません。そうすると笑顔を見せないわが子を見て、「ああ、この子も私のことが好きじゃないんだ」と誤解して、親としての自分に自信を失ってしまうこともありうることです。

このように、表情やそぶりを経路とした感情の伝え合いは、それがうまく回っているときは親と子に喜びをもたらし、絆を深める作用をするのだけれども、悪い循環をはじめた場合には、親と子の双方にダメージを与えるといえるのではないでしょうか。

子どもの発達や子育てを考えるとき、とてもうまくできている発達のメカニズムの表と裏をともに認識しておく必要があると考えます。表の面だけしか見ないと、笑顔で関われない親に対して「子どもが可愛くないのは変だよ。がんばって」と、追いつめるだけの励ましかできないことになります。また、裏の面だけを意識してしまうと、ちょっと努力すれば得られたかも知れない子育ての喜びを、みすみす見逃してしまうことになります。発達のメカニズムの表と裏を理解しながら、親と保育者が協力して喜びに満ちた子育てを作り出していくこと。そして何よりも、自然に笑顔が出るような人間らしい生活を保障していくことが、子育てにとってもっとも大切なことなのではないでしょうか。

三．「むずかしい子ども」を理解する

笑顔を引き出すことがかかわりの喜び

前項まで、九、一〇か月を中心に子どもの成長の姿を見てきました。しかし、一人ひとりの子どもの姿が理論通りにいかないのはよくあることです。指さしがことばの前兆だと言っても、指さしのでない子にどうやって指さしを教えたらよいのでしょうか。大人と一緒に物を見て交流することが大切だと言っても、動きまわるのが好きでじっと物を見るのが苦手な子もいます。保育者との信頼関係がつくりだせないために、いっしょに見たり活

動したりすることができない場合もあります。

発達的にはそのような時期だけれども、一人ひとりの個性や気質の違いを見落とすわけにはいきません。この節では、一人ひとりの違いについて述べてみたいと思います。最初に名古屋のみよし保育園で産休あけから長時間保育を受けたHくんのケースを紹介します。

Hくんは生後三日で激しい便秘があり、一か月で肥厚性幽門狭搾症が発見されるということで、誕生直後から両親の不安をかきたてた子でした。両親の不安は入園後も姿を変えて続いていきます。連絡ノートから両親の記述を引用してみましょう。

「日曜日、一日中一緒にいてHと遊ぶのですが、以前のようにあまり笑いません（四か月）」「（子どもとかかわっていると）そのうち母が疲れて早く寝ないかなあという気持ちになり…（四か月）」「夜中にぐずぐずいって起きてしまったり、寝起きも泣いて起きてしまいます（四か月）」「さあ、寝かせようと準備万端家中の電気を消し、音という音をなくして、ひっそりと過ごしました。（七か月）」「泣けてしまうときは何か楽しい遊び、おもちゃで気分を変えるといいかもしれませんね（泣いたときに手こずっている）（一〇か月）」

朝、泣いてミルクを飲まないので、途方にくれたお母さんが着のみ着のまま保育園に走ってきて、保育者に授乳してもらいほっとしたり、寝た子が起きないように部屋中の電気を消して暗闇の中で両親がひっそりと夕食をとったりというエピソードもありました。

Hくんの両親は子育ての基本的事項全般にわたって不安を感じていますが、そのなかで、泣く、笑うなどの感情表出に関わる問題が重要なポイントであることがわかります。

ゼロ歳児期の重要な活動は大人との表情を介したやりとり。そのもっとも重要なポイントで、Hくんの両親が悩んでいたのです。肥厚性幽門狭搾症を予想しない両親にとっては理由不明の泣きが多かったため、育児の出発点から「泣き」に対する不安感が両親に根づいてしまったのかも知れません。しかし、Hくんのケースは、もっと重要なことを教えてくれます。右の連絡ノートは、「泣き」や笑顔のなさに対する不安は、泣いたら対処できない、笑顔を引き出すことができないといった、両親の自信のなさと不可分に結びついているということを如実に示しています。

みよし保育園の対応は明確でした。第一に、園で遊んでいるHくんの様子を見せて子どもの笑顔の楽しさを両親に伝えること、第二にHくんの笑顔を引き出す手だてを具体的に伝え、両親の自信を育てることでした。そのために、両親と一緒に保育をしたり、クラス懇談会でHくんの大好きなおもちゃを作ったりという保育実践が展開されていきます。その結果、一一か月頃から両親の苦労は消失し、一歳半を超える頃には、本当に楽しい両親とHくんの家庭生活が築かれていったのです。

表情を介して子どもとコミュニケーションをするなかで共感が育つ。このように述べてきましたが、それは第三者が外からみた見方でした。泣いている子どもから笑顔を引き出すこと。それが子育てに関わる大人から見た「コミュニケーション」の内容なのです。大人は子どもの表情を明るい方向に変えることができて初めて、「子どもと共感できた」「子どもがわかった」という実感をもてる。その結果として、「どんなに泣いていたって私と会えばこの子はきっといい顔を見せてくれる」という自信と余裕が生まれ、「子どもがかわいい」という感情も生まれてくるのではないでしょうか。

マザー・キラーズ

右の例では、保育園側はHくんの笑顔を引き出す上で何の苦労もなかったような印象を受けたかも知れません。しかし、実は保育園の方でも長いことHくんの理解に苦労をしていたのです。

園の記録からHくんの様子をあげてみましょう。

六か月…食欲旺盛だが、お腹がすくと激しく泣く。泣いて食事を楽しめない。

七か月…食事のときやわらべうたのときに視線が合わない。一人で黙々とあそび、保母に甘えない。午睡のまとめ寝ができない。抱っこしないと寝ないけれども、抱っこを嫌う。

一〇か月…保母と視線を合わせない。

一一か月…泣いたときに保母を求めるようになった。自分から保母の膝に来る。ポットンおとし（ミルク缶のフタにあけた穴からものを落とす手作り遊具）をして、できると保母に「アッアッ」と教える。絵本に対して指さしが出る。午後のまとめ寝ができるようになった。

断片的な引用で十分ではありませんが、一〇か月までは保育者もHくんとの関わりにとまどい、模索していた様子が伝わるでしょう。

Hくんが園で変わり始めたのは一一か月頃。この時期からポットンおとしで「見返り」がでたり、指さしが出るなど、三項関係がはじまっているのが分かります。同じ一一か月頃、親と子の関わりが苦しい時期を超え始めたというのは、先に述べたとおりです。

児童精神医学者のトマスとチェスは、乳児は生まれながらにしてその子なりの気質を備えているが、その気質は次の三つの型に分類できると述べています（トマス・A.、チェス・S.著、林雅次監訳『子供の気質と心理的発達』、星和書店、一九八一）。

第一のタイプは「むずかしい子」。反応が強く、おなかがすいたり、おどろいたときなどの泣き声が鋭くて大きい。はじめて与えられる食物をなかなか受け入れないなどの「回避的な傾向」や、新しいものになかなかなじめない「順応性の低さ」、寝つきが悪い、食欲にムラがあるなどの「規則性のなさ」もあわせもっているといいます。

第二のタイプは「楽な子」です。機嫌がよく、規則性があり、反応は適当な強さで、新しいものに対しても積極的対応し、順応も早いという特徴をもっています。

第三のタイプは「気おくれする子」とよばれ、新しい状況や人に対しては回避的だけれども、生理的な機能は規則的で、機嫌も悪くない子どもです。

「むずかしい子」は、「母親泣かせの子」（マザー・キラーズ）ともよばれていますが、一か月までのHくんはこのタイプにぴったりではないでしょうか。両親が子育ての自信を持ちきれなかったのは、第一子が「育て方のむずかしい子」であったからではないかと思われるのです。両親が一生懸命であったから、いっそう追いつめられていくわけです。

子どもの気持ちがすっきりしないとき、家庭での過ごし方に問題はないかと考えがちですが、子どもの気質の問題を見落とすと解決の糸口を見失ってしまうことがあります。

園が親と一緒に悩み、親と一緒になって「むずかしい子」の子育てと保育を築いていったという点に、みよし保育園の実践の意味がありました。もちろん、園の中に蓄積されてきた遊具や保育実践上の工夫がHくんの楽しい表情を切り開く手がかりになったのですから、そこに乳児保育の歴史が息づいていることになります。一緒に悩むことで親を励まし、園の蓄積を生かして解決の方向を探ること。園と親との関係のひとつの典型を見た思いがしました。

子どもの「むずかしさ」と発達

子どもと大人が共感を築く上でのむずかしさを、ここまでは「気質」にかかわって説明してきました。同じことを「発達」という観点から見直したらどうなるでしょうか。

しばらく前までは、実践検討の場では、運動機能や手指機能の発達をどう保障するのか、言葉の獲得に向けてどう保育するのかということがゼロ歳児保育の大きな話題でした。しかし、最近では、「むずかしい子ども」の保育や保育者との信頼関係をどう築くかという論点がかなりクローズアップされ、保育者の配置や生活の組み立て、環境づくりが議論されているように思います。とりわけ、人見知りや後追いの激しさの理解と対応について様々に議論されています。

一九九四年度の全国保育団体合同研究集会の実践報告でも、大阪・麦の子保育園の折出麻里氏が「新しい環境になりミルクをうけつけない、保母が変わると飲まなかったり、飲み方にムラができる」「特定の人しか受け入れられない、その保母がそばを離れると泣く、ねる時も慣れている保母だと安心して眠っていける」という子どもの実態把握をもとにして、保育を改善していった実践を報告しています。また、静岡・風の子保育園の森恵美子氏と杉本英子氏も「八か月頃、担当の保母にこだわり始め、同時に夜泣きとひどい寝ぐずりが始ま」ったKくんに対する保育を通して、「ひとりひとりを大切にする保育とは」を報告しています（いずれも『第二六回全国保育団体合同研究集会要綱』からの引用）。このような実践報告には、保育者の乳児を見る目と保育力量の向上を感じさせられます。

ゼロ歳児の「特定の人へのこだわり」や「人見知り」は、その子の気質や家庭環境、さらには保育経験や保育環境等々、多様な条件の交差するなかで発生するでしょう。同時に、子どもの発達の現れとしての側面をもっていることも事実です。しかし、発達研究のなかでは、六、七か月～九、一〇か月頃の発達を気持ちの不安定という面から研究した研究は手薄です。実践報告を読むたびに、保育実践に学びながらこの時期の発達をつかみだしていかなければならないと感じているところです。

しかし、前後の発達の文脈から、この時期の特徴を推察することは可能かも知れません。六か月頃までは目と目を見合わせて表情で伝え合う活動が重要ですが、この時期の自他認識はまだ不十分なので、感情は情緒が伝染するように伝わります。ところが、九、一〇か月になると対象を大人と共有する「三項関係」や「共同活動」が出現し、「見返り」や「指さし」などで何かを「相手」に伝える活動が成立します。したがって、その間の六か月～九、一〇か月は、「相手」と「自分」とが分離しはじめる時期なのだと考えることが可能です。移動運動が少しずつはじまり、事物あそびも少しずつはじまって「自分の活動」がはじめられるときに、子どもたちには人を求める不安が大きくなるのだと推察できるのです。そうであるならば、移動運動と事物あそびが安定し、大人の視線を支えにして探索することを覚える一〇か月頃からは、それまでと同質の不安はやや和らぐはずです。

以上のような問題意識を持って、これまでの実践記録を読み返してみたら、何人かの保育者が実践を通して同じような発見をしているようでした。

京都・村松保育所の射場さんと内本さんは、実践に基づいて次のように述べています。

「七～一〇か月頃の子どもたちは、まわりが少しずつ見えはじめるため急に不安定になって信頼できる大人にぴったりよりそうことで安定を求めようとします。しかし、まわりに対する興味はどんどん広がり、泣いていても友だちの動きを追ったり、保育者のからだに手をかけながらもう一方の手で好きなおもちゃであそぶということをします。信頼できる大人がまわりにいてしっかり見まもってくれていると確信するといつもどおりにふるまうことができます。」（「村松保育所ちゅうりっぷぐみ2期のまとめ」、一九八九、九、四）

気持ちが不安定になったときに保育者よりもフトンを求めるゆう君と信頼関係を築くために奮闘した三浦さんは、実践の総括を次のようにまとめています。

「生後八～一〇か月頃のゼロ歳児期の子ども達が少しずつ外界へと目が向くようになると、

大好きな人を手がかりに自分にとって大切な物、必要なことを取り入れていくというのです。この時期に、子どもが大人にまなざしをいっぱい送ることは、そうやって大人に自分のしている行為を意味あるものなのかどうか認めてもらおうとするからです。ゼロ歳児期大人に自分のした行為を伝える姿の少なかったゆう君は、大好きな人を大人でなくフトンに求めてしまったのです。」（三浦みのり「子どもの思いがわかる保育者に」（名古屋保育問題研究会『名古屋保育問題研究』、第一八号、一九九一）

この時期の不安を右のように理解するならば、保育者が子どもを受けとめるだけでなく、受けとめて安定させながら、周囲の世界の中から何を興味あるものとして見つけだすのかを子どもと一緒にさがして能動性を高めるように導くことが、発達に向けた保育の基本的な方向だということになるのではないでしょうか。そのとき、子どもは周囲にちらっと関心を向けたあとでまた泣き出すなど、能動性の目覚めと不安との間でゆれる感情を味わうようです。保育者がその揺れによりそって導くことで、揺れの中から能動性がゆっくりと広がっていくように思われます。

なお、発達と不安との関係をこのようにとらえることは、九～一〇か月になると不安が消えるということを意味するわけではありません。実際、一〇か月になってから不安定になる子や一歳の頃に不安定になる子もいます。一〇か月児や一歳児にはまたちがった不安のタネが存在するでしょう。発達を理解するとは、不安が消える時期を見積もるためではなくて、その時期の不安の内容を理解することによって、子どもを勇気づける手だてを考えるヒントを得ることだと思います。

いずれにしても、この時期の問題はまだ十分に深められているとは言えません。研究と実践の進展の中で、いっそう深い子ども理解が得られるように期待したいと思います。

（注1）　三項関係を基礎にして言葉が生まれることはほぼまちがいありませんが、「子ども」「大人」「対象」の三者の結びつき方にはいろいろあります。本文中の例のように、犬を前にした子どもと大人が指さしをして「ワンワン」と伝え合うとき、二人の言葉はいっしょですし、「犬がいた、すごいねえ」という気もちも一緒です。つまり、言葉の重要な二つの要素である「音声」と「意味」とが共有されていることになります。このときに、伝えあいのなかから子どもの言葉が生みだされ、育ってくると考えられます。

ところが全く別の形の三項関係があります。お母さんがお菓子を子どもに差し出して、「ちょうだいは？」と言って、子どもが「チョウダイ」と答えるような場面では、「子ども」「おかあさん」「お菓子」という三者が結びついているという点ではやはり三項関係ですが、二人の気持ちは、「ちょうだいと言わせたい」「お菓子をもらいたい」というふうに全く違います。言葉は音声と意味とが不可分に結びついたものですから、音声が似ていても二人の気持ちが全く違うときには、「意味」が共有されないので、言葉の獲得のためにはきわめて不利な状況であるといえるでしょう。

言葉の育ちが遅いとき、「要求を先取りして大人が手を出しすぎるから言葉が育たないのだ」と言われることがあります。高いところにあるおもちゃを子どもがほしがったら、子どもが「取って」と言葉で要求するまで取ってやらない方が言葉を育てるためにはよいのだ、という考え方です。しかし、これはおかしなことです。「取ってと言わせたい」「取ってほしい」という二人の気持ちがバラバラな場面では、言葉の意味は育たないからです。「要求を表現するために子どもは言葉を覚える」という考え方は、突き詰めていくと、「取りたいのに取れないから何とかして」というストレスの中から言葉が生まれるということになってしまうでしょう。

言葉は伝え合う喜びの中から生まれるものです。高いところのおもちゃを取る場面では、「あ、あんなところにあったねー」「アッタ」「取ってみようか」「トッテ」という共感的なやりとりの方が、言葉を育てる上ではよほど大切なのだと思います。

（注2）　気質の説明は三宅和夫『子どもの個性』（東京大学出版会、一九九〇）にもとづきました。なお、「気おくれする子」というのは林雅次氏たちの訳語で、三宅氏は「出だしのおそい子」という訳語を使っています。

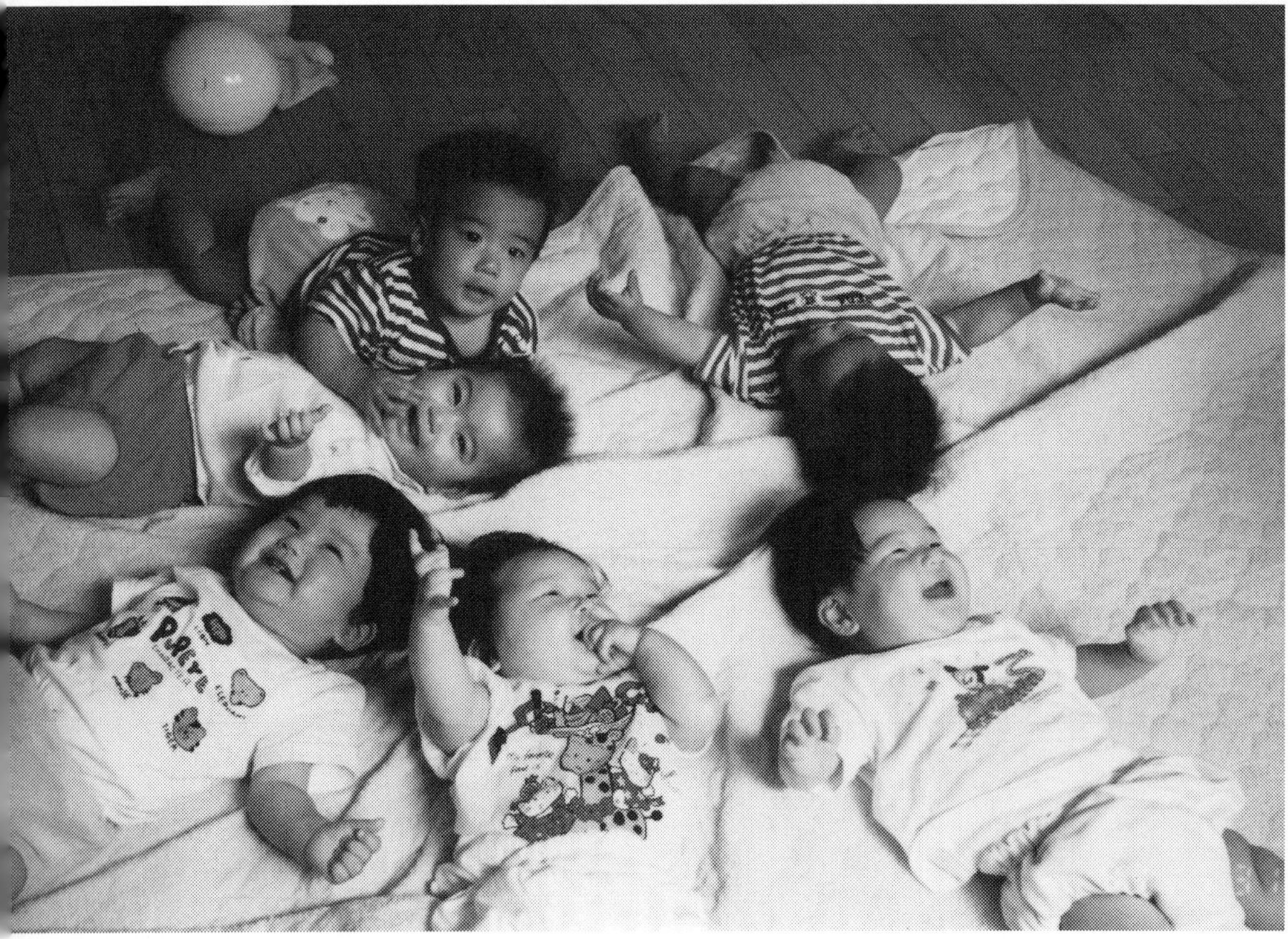

第二章

子どもの豊かさの広がりに共感して

——一歳～三歳の子どもたち（その一）

一・「心の中」が生まれる

私の息子が四歳になったとき、うっかり「あ～あ、大きくなっちゃったねー、もっとずうーっと三歳でいてもよかったのに」と言ってしまって、大きくなったのが得意の息子に怒られたことがありました。一歳から三歳という年齢は「イヤ、イヤ」の強情がつよく、子育てに時間と根気が必要なときです。親にとっては大変な時期なのですが、同時に、他の年齢では味わえない子育ての喜びを感じられる時期でもあります。

手がかかるけれども関わりが楽しい時期。第二章では「表象」の成立という点からこの時期の発達を考えてみたいと思います。

表象の成立とは?

頭の中に事物や現象のイメージや心像を思い描く心理的な作用を「表象」といいますが、発達心理学の諸研究では、一歳半～二歳頃が表象の成立期であると考えられています。

表象が成立したとき、子どもたちはどう変わっていくのでしょうか。羅列的になりますが、表象の成立に結びついた子どもの変化をたくさんあげてみましょう。

まず、つぎにあげるのは、亀村五郎さんの集めた楽しい口頭詩集『幼児のつぶやきと成長』（国民文庫、一九九二）のなかの一編です。

シッカロール
　　のだ　ふみ（1歳）
なあひきの　こやぎよ
おおたにだあ
わおお

白い粉（シッカロール）を手につけられたふみちゃんは、『おおかみと七匹の子やぎ』の一場面を思い出したのでしょう。目に見えているのは白い粉だけなのに、ふみちゃんの頭の中にはオオカミと子やぎとが思い浮かべられているわけです。生まれてまだ二年もたっていないのに、見えないものを思い浮かべる力・表象が成立していることがわかります。

ごっこあそびの最初のあらわれである、事物を他の物にみたてる力も、一歳中頃に成立してきます。最初は大人の行為の模倣としての側面が強いのですが、それでも、積み木をおにぎりに見たてて「オイシイネー」と食べるふりをする行為は、やはり一歳後半から可能になります。ふろしきを腰に巻き、スカートをはいたお母さんになったつもりでキューピーを背負って廊下を行き来する「つもり遊び」も、少しずつ成立してきます。

ことばが急増するのも一歳後半からです。初語の成立は一歳のお誕生日前後と言われていますが、その後約半年間はあまりことばの増加は見られません。初語が出て半年たった頃から、ことばが急増します。ことばは音声と意味とが結びついたものです。「リンゴ」という語を使いこなすためには、「リ」「ン」「ゴ」という音を聞き分け、話し分けることができなければなりませんが、同時に、りんごを何らかの仕方で思い浮かべることができなければ、意味のあることばにはなりません。表象が成立する一歳中頃からことばが急増するということもうなづける現象です。

さらに、目的をもった行動もこの頃から成立してきます。一歳前半頃までは、バナナを要求する子どもの目の前からバナナを隠し、代わりにミカンを差し出して「バナナは今度にしようね。今日は、みかんをあげるよ」と言えば、子どもは納得します。目の前から見えなくなってしまえば、要求も消えてしまうわけです。しかし、一歳後半になると事情がちがってきます。バナナが見えなくても、「ミカン、イヤ。バナナ！」と、あくまでも最初の要求を維持し続けます。見えなくなってもバナナは頭の中に存在し続けているから要求が持続するし、目的を頭の中にもった行動が成立することになります。「玄関から新聞を持ってきてね」という用事を頼んだらちゃんとやりとげてくれるのも、この頃からです。「新聞」ということばだけで、「アレだ」と思い当たり、その思いを自分の行為の目的としてやりとげるわけです。ですから、一歳～二歳の子どもは、用事を頼まれるのが大好きです。目的を持って行動をするので、やりとげた達成感が大きくなるからでしょう。

以上のように、一歳中頃から、表象ぬきには考えられない様々な行動が成立して、子どもたちはそれ以前とは比較にならないくらい飛躍的な成長の姿を見せはじめるのです。

「知っている！」という感動

表象が成立することによって子どもたちの精神生活は様々な面で変化していきますが、もっとも重要なのは、「わかる」「知っている」という自覚的な体験が生じることではないでしょうか。出会ったできごとが自分の知識と結びついたとき、私たちは「わかった」「知っている」という実感を得ることができます。表象とは「頭の中に思い浮かべた知識」だといってよいでしょう。一歳中頃以降、子どもたちの精神生活は「知っている」「わかった」という喜びで満ちあふれるかのようです。

一歳半健診に来た二〇組くらいの母子が保健所の待合室で順番を待っているとき、窓の外を救急車がサイレンを鳴らして通り過ぎたことがありました。そのとき、二〇人のお母さんは誰に指示されたわけでもないのに、一斉にわが子を抱きあげて窓際により、「ほら、ピーポーだよ!」と指さししては子どもと共感していました。救急車は見せ物ではないのですから乗っている人には申し訳ないと思いましたが、「ピーポー」ということばを覚え、救急車の表象を獲得した子どもたちの感動と、それを知って子どもと感動を共有しようとするお母さんたちの姿が印象的でした。

「ワンワン」ということばを覚えた子どもは、遠くのポスターの隅に小さく描かれている犬の絵でもめざとく見つけて「ワンワン」と言いますし、「デンシャ」ということばを覚えた子どもは遠くの高架線路の上を走っている小さな電車にさえ気づいて感動します。目に見えることと、それを意識することとは同じではありません。私たちは目の前にある腕時計に気づかずに「時計、時計」と大あわてで探すことがあります。目には見えているはずなのに、意識にはうつらないわけです。逆に、なじみのものがさっと意識に飛び込んでくる場合もあります。文書の中に自分の名前があると、その部分が目に飛び込んでくるように私たちは気づくでしょう。

子どもたちは生まれたときから目は見えていますが、しばらくの間、その見え方はまだ漠然としたものなのではないでしょうか。一歳前後の子どもに「積み木を取って」と頼むと、積み木が足下にあるにも関わらずきょろきょろして探せないことがよくあります。積み木が周囲の風景の中にとけ込んでしまったかのようです。ところが、先に述べたように、「ワンワン」ということばを覚えた子どもは、あざやかに犬を探し出すのです。ことばを覚え、表象を獲得した子どもたちには、その対象が周囲の風景からくっきりと浮かび上がってくるのではないかと考えられるわけです。

この時期、ことばを覚える・表象が成立するということは、単に語彙が一つ増えたということにとどまらない意味をもっているといえるでしょう。ことばを覚えるとは、漠然とした周囲の世界の中から、知っているものが、ひとつ、またひとつと浮かび上がってくることなのです。指を指して「ワンワン」と伝える子どもの姿は、世界が見え始めた感動を大人と共有しようとする姿だといえないでしょうか。

心の世界の広がり

「パジャマを着なさい」ということばかけに「イヤ」と反発した一歳半すぎの子に対して、「ズボンからはこうか、シャツから着ようか」と子どもに選択させるように問いかけると、「シャツ（から）」と答えてスムーズに着替えをしようとすることは、ずいぶん前から気づかれていました。子どもに選択させるのは「つもり」が生まれてきた彼らの主体性を尊重する働きかけだといえますが、同時に、子どもの頭にあった「着替えるのはイヤだ」という思いが「どっちから…?」という新しい問いによって置き換えられてしまうという特徴も表しています。表象が誕生したばかりの頃は子どもの頭の「容量」はまだ狭く、同時にふたつのことが考えられないのだといえるでしょう。しかし、まもなく「どっちもイヤ」と答えて、着替えがスムーズに進まなくなります。「ズボンよりもシャツの方を先に着たいけれど、やっぱり着替えるのはイヤだ」というように、複数の判断が共存できるほど「容量」が広がってくるのです。

このような心の世界の広がりは、いろいろな場面で確認することができます。

雨上がりの公園で、水たまりに入って遊んでいる子どもたち。二歳を過ぎるとひとつの水たまりでパチャパチャやりながら向こうにあるもうひとつの水たまりを見つけて、「水タマリ、マタ、アッタ!」「イッパイネー」と感動するようになります。道路でバスを見つけた二歳児が「バチュ!」と指をさしたかと思うと、その後ろから来るもう一台に気づき、「マタ、バチュ」「バチュ、イッパイネー」と喜びを広げていきます。「マタ!」「イッパイ!」という喜びは、ひとつのことを心にとどめながらもうひとつのことを発見したときにもたらされるもの。同時にたくさんのことを意識できるほどに子どもの心が広がってきているわけです。「オンナジ！」「～ミタイ！」も二歳児が好むことばです。どちらも、複数の物を心にとどめ、両者の類似性に気づいたときにもたらされる認識であり、感動であるといえるでしょう。

複数の物事を心にとどめて比較するうちに、二歳児は両者の違いにも気づき、「大きい・小さい」「上・下」「前・後」というような認識も形成していきます。そして、複数の事象の関係づけが時間的な前後関係として理解されたとき、「ゴ飯ヲイッパイ食ベタ。ダカラ、大キクナッタ！」というような因果関係の理解へと進んでいきます。それが三歳以降の「思考」の成立です。

また、三歳近くなると、近くの公園へ行くと「ココ、キタコトアル」と感動したり、四つ角で「コッチイクト、ホイクエン」と得意げに言ったりします。ディズニーランドの話を聞くと「ズーットマエ、ディズニーランドニイッタコトアル！」と目を輝かせたりします。

思い当たる心の世界が広がることによって、空間・地理の広がりや時間軸の広がりも生み出されていきます。「マタ」「ズーットマエ」というのは、意識の世界が広がった子どもの感動のことばです。

知恵を豊かさの広がりの中から育てよう

一歳から三歳にかけて、子どもの心は量的に拡大するだけではありません。内容も豊かになっていきます。

一歳児クラスの子どもたちが散歩先でタンポポを見つけました。保母さんが「ほら、お花。きれいだねえ」とことばをかけると、二歳を過ぎたばかりの圭子ちゃんが「オウチ」と言いました。保母さんが「そう、圭子ちゃんのおうちにもお花が咲いているの」と受けると、圭子ちゃんはにっこりとうなづいたものです。

少し前なら、タンポポを見つけたら自分の中にある「花」の表象と照らし合わせて、「オハナ、アッタ」と喜ぶだけでした。しかし、二歳を過ぎた頃から、それ以前の経験や体験を心のうちに呼び起こし、現実をかつての体験と結びつけて理解しながら、心の世界をより豊かに広げていくわけです。

次にあげるのは、みよし保育園の二歳児クラスの実践例です。

みんなでつかまえたカニを天白川へはなしにいきました。「いっぱいあそんだからカニさんうれしいナって言っているよ」と言うと「バイバイスルノハイヤダー」とたかちゃん（二歳一一か月）。まだ一緒に遊びたいようです。「じゃあたかちゃん、もう少しカニさんとあそんでからバイバイする?」と言うと、コックンとうなずきました。しばらくしてから「カニさんね、おかあちゃん、おとうちゃんとこかえりたいって言っているみたいだよ」とカニになったつもりで保育者が話をふくらませると、ちひろちゃん（二歳五か月）がカニをじーっとみつめ「オトーサンニアイニイクノ?」とやさしく話しかけていました。「オトーサンニアイニイクノ?」と語りかけていたちーちゃんの姿から、ことばにはあらわれていないけれど心の中で、「ハヤク、オトーサントコイッテモイイカラネ」と更に話しかけているようなやさしさが伝わってきました。

そしてみんなでカニをはなしてあげ「マタキテネー」、「オカーチャントコイッテゴハンタベテネー」と話しながら、カニが見えなくなるまでなごりおしそうに見送っていました。

（みよし保育園『みよし』第六号、一九八五）

「カニさんとバイバイしようね」という言葉には「イヤダー」とだだをこねる子どもたちも、「おかあちゃんやおとうちゃんのところへ帰りたいみたいだよ」という保育者の言葉には納得します。毎日保育園からお母さんやお父さんのところへ帰っていく子どもたちには、家へ帰るという言葉が自分の具体的な体験を通して理解できるのでしょう。理解できたとき、子どもたちは「イヤダー」を乗り越えて納得することができたのではないでしょうか。自分の経験をため込んで心の中を広げ、言葉によって過去に思い当たりながら今の出来事を納得していく様子がうかがわれます。

言語獲得期といわれる一歳から三歳は、子どもの意識の中にますますたくさんの事象が映し出されるようになり、世界が開かれていく感動に満ちた時代です。最初はたどたどしく、やがて急激にことばを覚え、体験が子どもたちの心を広く、深く押し広げていきます。その中から、知的な成長も、感情の豊かさも育まれていくのだと考えられるでしょう。子どもたちはその感動を決して自分一人の心にとどめてはおきません。大人を振り返り、大人に伝えることを通して感動を大きくし、心の中の世界を確認し定着させていきます。冒頭で、「一歳〜三歳は大変だけれども子育ての喜びを感じられる時期」だと書きました。この時期の子育ての喜びは、子どもの目の前の世界が開かれていく感動を子どもとともに感じる喜び、世界を映し出す子どもの心が日一日と広がっていく感動をあじわうことなのではないでしょうか。

今日、早期知的教育が流行するなかで、難しいことを早く教えることが良いことだという風潮があります。しかし、難しいことを教えようとすると、子どもができなかったときの親のあせりやイラダチは押さえがたく、親にとっても子にとっても子育てが苦痛に満ちたものになってしまいます。一歳中頃に誕生した表象が、二歳では上下、大小等々の概念を獲得し、三歳になると因果関係を理解して思考の力をもたらしていくわけですが、それは、むきだしで達成されるものではありません。子どもたちの心が世界を映し出す豊かな広がりのなかで、大人と子どもの感動と喜びのある生活のなかから、本来の知的発達も達成されていくものなのです。

二、ダダコネと気持ちの切りかえ

「つもり」の成立とダダコネのはじまり

一歳を過ぎた頃から、子どもたちは次第に強情な姿を見せるようになります。「洋服を着替えるよ」に「イヤ！」、「ご飯食べるよ」にも「イヤ！」、「保育園に行くよ」にも「イヤ！」。子育てに慣れない第一子の時には「ワガママな性格にしてしまったのではないだろうか」と心配になるほどです。

なぜ、一歳すぎから強情がはじまるのでしょうか。強情に対して大人はどう対処したらよいのでしょうか。

ダダコネをする口調の強さや、泣き方の激しさには、かなりの個人差があります。「怒り泣き」に聞こえる泣き方をする場合には、それを聞く大人の精神的な緊張感も高まりますし、心の余裕も失われがちです。このような個人差は、多くの場合、第一章で述べた子どもの生来的な気質に起因するものと考えてよいかも知れません。

しかし、現れ方に個人差はあるにしても、どの子も一歳すぎから強情になるという点では共通しています。強情はどの子にも共通な発達の現れです。この点をまず確認しておくことは、現代の日本で子育てにあたる親にとっては、ことのほか重要なことです。強情をわが子の性格だと見てしまうと、「私の子育てのどこがいけなかったのだろう」と考え込み、強情を直そうと「イヤじゃありません！」と叱れば叱るほど、強情が強くなってしまいます。

はっきりしているのは、周囲からの働きかけや刺激に対して自分の意図を主張できるだけの主体性が子どもに育っていなければ、「イヤ」という強情やワガママは出現しないということです。ゼロ歳の子どもたちは、外側からの働きかけに忠実に生きています。親がおもちゃを見せて誘うと、よほど体調が悪くない限り、ハイハイのできる子はハイハイで、歩行のできる子はよちよちと歩いてやってきます。目や耳を通して得られる外からの刺激や働きかけが、子どもの行動を決定してしまうといえるでしょう。一歳をすぎて表象が生じる頃から、子どもたちは外からの働きかけを拒否し、自分の主体性＝内的な意図を押し通そうとして強情を発揮するようになるわけです。

ですから、強情やダダコネの出現は、子どもたちが自分なりの意図を持った主体的な人間へ育っていく一里塚として、ひとまず歓迎したいできごとであるわけです。

ただし、一歳代の内的な世界はまだ生まれたばかりで、「内的な意図」といっても、それほど明確なものがあるわけではありません。一歳代のワガママは「ボクハ～ガシタイノニ！」という明確な対案を持っているわけではなく、とにかく周囲からの働きかけに反発してみたいという程度の強情です。ところが、表象が豊かになり、心の中に様々な経験が豊かに積み上げられた二歳頃から、ワガママは具体的な提案を含むようになります。道を歩いていて交差点にさしかかると、「コッチニイキタイ！」といってゆずらない、「アソンデ！」と大人に要求して「遊んでくれなければイヤだー」とごねる等々、強情やダダコネという点では同じでも、その内容には具体的な提案がこめられていきます。こういう点に、ワガママの中の主体性の育ちを見ることができます。

ダダコネを突き抜けていく発達の方向

ワガママやダダコネは、それ自体としては子どもにも親や保育者にとっても苦しいできごとです。Aちゃんは右の道を行きたい、Bちゃんは左の道を行きたいと主張してお互いに譲らず、激しく泣きあって収拾がつかなくなるようなできごとは、決して楽しいことではありません。子どもにとっては「大泣き」のあとで結局自分の要求をあきらめざるを得ないかもしれませんし、大人にとっても「いいかげんにしてよ！」と言いたくなるほどストレスのたまるできごとです。主体性が育つとは、周囲との摩擦をつくりだして苦しさや欲求不満が大きくなることなのでしょうか。

田中昌人・杉恵氏は、一歳代のダダコネには二つの種類があると述べています。一つは一歳三か月頃に典型的にみられるダダコネで、「〜スルンダ」という自分の意図を一方的に主張して絶対にゆずらないダダコネです。田中氏たちは、これを「…ダ」「…ダ」のダダコネと比喩的に述べています。もう一つは一歳六か月すぎにみられるダダコネで、いったん激しく自己主張したあとで、自分の気持ちを立て直し、切りかえていくようになるダダコネです。田中氏たちは次のような例を写真とともに紹介しています。

荒物店で気に入った箸をみつけて買ってもらおうとした子どもが、おかあさんの「あなたのはあるでしょ、さあ、いきましょう」という拒否にあって、ぺたんと店の地面に寝ころんでだだをこねる。靴を脱いで足をばたつかせる激しいダダコネをしたあとで、自ら立ち上がり、お母さんに靴を履かせてもらって気持ちを切りかえる。

「買いたいんだ！」と自分の要求を主張したあとで、周囲の状況を理解し、「今は買うときじゃないな」と思い直して、「さあ、立ち上がろう」と気持ちを立て直しています。このように、「…デハナイ、…ダ」という思い直しできるのが一歳半頃の特徴だとして、田中氏たちは、この時期から一歳前半の一方通行的なダダコネは卒業に向かい始めると述べています。（田中昌人・田中杉恵『子どもの発達と診断　2乳児期後半』、大月書店、一九八二）

日常の子育てや保育の経験からすると、手を焼くワガママやダダコネが一歳半以降なくなることはありません。むしろ、二歳児クラスや三歳児クラスでワガママやダダコネが激しく出たときには、その激しさが保育者をノイローゼの一歩手前まで追い込むことさえあります。一歳半になれば「…デハナイ、…ダ」という思い直しや気持ちの切りかえがいつでもどこでもできると機械的に理解するのではなくて、その可能性が開かれるのだと考えるべきでしょう。

田中氏たちの理論化の意味は、ワガママを突き抜けていく発達の方向を指し示したことにあると私は考えています。子どもの激しいワガママにであうと、大人は「我慢を教えなければ」と思いがちです。しかし、先に述べたように、「〜シタイ！」というワガママは子どもの主体性の育ちの現れなのですから、我慢を強要するだけでは育ち始めた主体性を圧殺することになりかねません。ワガママをのりこえるというのは、子どもが自分の要求を引っ込めるということではなく、周囲の状況に目を向け、状況認識をくぐり抜けたうえで自分の要求を実現する方途を探れるようにすることではないでしょうか。そうすることによって、子どもたちの主体性は、周囲との軋轢ではなく、自分の要求を実現していくための道を開くことになるのだと思われます。

そのためには、二つの課題があります。ひとつは、周囲の状況に目を向けられるだけの心の余裕と認識能力の育ちがあること、もうひとつは、そのうえで今自分のとる行為を選択できるだけの選択肢が子どもの中に育っていることです。「…デハナイ、…ダ」のなかの「…デハナイ」の部分は状況認識を介して自分の今の行動を振り返ることだし、「…ダ」の部分は「ではどうしたらよいのか、こうしたら、ああしたら…」と思いを巡らせて選択肢の中から自分の行動を選びとることを意味しているといえるでしょう。

受けとめられて周囲に目を向ける

夕飯の後片づけで忙しいときに子どもが「アソンデ！」とやってくると、「あとでね」「今はダメ」と拒否したくなります。「ヤダ、ヤダ、今アソンデ！」としつこく要求されると、「この子はどうして一人で遊べないんだろう」というイラダチものって、「ダメ！

お母さんが何してるのか分からないの?」ときつく拒否してしまうことになりがちです。子どもの強い要求には大人も強い拒否に出て、お互いにっちもさっちもいかなくなり、子どもは親の足もとで激しく泣き出します。洗い物が終わってふと足元を見ると、泣き疲れた子どもが台所の床で眠ってしまっている…。涙の跡を残して眠っているわが子を見ると、不憫な気持ちがつのって、「明日はあそんであげなくちゃ」と思いながら子どもをふとんに運ぶことになります。

こんな経験は誰にもあるのではないでしょうか。子どもは真正面から親の拒否に出会うと、「…デハナイ」と思い直す余裕を失ってしまいます。そして、二〜三歳児といえども、「ヤダ、ヤダ、アソンデー!」と、「…ダ」「…ダ」の世界へ後戻りしてしまうわけです。

大人の受けとめ方を変えてみたらどうでしょうか。子どもが「アソンデ!」とやってきたら、ひとまず「わかった。あそぼうね」と受けとめてしまうわけです。そのあとで、「じゃあ、お母さん、大急ぎで洗い物を片づけちゃうから、ちょっと待っててね」と言葉を継ぎます。そうすると、子どもは「じゃあ、積木をして待ってる!」と思い直して、台所から離れていきます。「わかった」のひとことによって、子どもは自分の要求が受けとめられたために心に余裕が生まれます。そして、「今は遊ぶんではないんだ」という思い直しができ、「じゃあ、何をしていようかな、積木をして待っていようかな」という新たな行動の選択ができるわけです。
このような対応を、私は名古屋保育問題研究会の「発達と集団部会」の討論のなかから学びました。二歳児クラスは要求のぶつかりあいが多くてトラブルが絶えないと話題になったときです。みよし保育園の大橋美由紀さんが次のような事例を出してくれました。

達也君の使ったあとのブランコを、友香ちゃんと逸生君がやってきて二人でひっぱり合いをしています。「こう！」と思ったら譲らない二人なのでやはり子どもだけではラチがあきません。二人とも興奮し、真剣につかみかかりそうになってきたので保育者がはいりました。

保育者「逸ちゃんも友ちゃんもやりたかったの？」
逸生・友香「ウン」
保育者「二人でひっぱりっこしていると、ケンカになっちゃってちっともできないよ。二人ともやりたいんだったらどっちが先にやるか決めようか。どうやって決めようかな。」
二人とも落ちつき、顔がすっきりしてきました。
保育者「じゃ〞どちどち“で決めようか。一回やったら交替しようね。〞どちどち…“」

歌いだすと二人ともニコニコしてきました。

保育者「あ、逸生くんに決まった。逸生くんがやったら今度友ちゃんね。友ちゃんここで待っていようか。」

友香「ココデ待ッテル！」

こうして友ちゃんもやりたい気持ちをいったん保育者にうけとめてもらえたことで落ちつきました……

（大橋美由紀「二歳児の子ども同士の関わりと保育者の援助」、名古屋保育問題研究会『名古屋保育問題研究』第一九号、一九九三）


三歳未満児では「順番でやったら？」「〟どちどち〝で決めようか」という提案よりさきに、「逸ちゃんも友ちゃんもやりたかったの？」という大人の受けとめがまず必要とされるわけです。大人に受けとめられて気持ちが落ち着いたときにはじめて、子どもには周囲の状況に目を向け、状況認識をくぐりぬける余裕が出ます。

「二歳児には、とにかく『わかった』『いいよ』と言おう！」というのが、それ以来の名古屋保育問題研究会発達と集団部会のひとつのスローガンになりました。もちろん、「『いいよ』といったあとで、周囲に目を向けさせよう」という暗黙の言葉がこのスローガンの後に続くわけですが。

右の例は言葉がある程度利用できる二歳後半以降の子どもに対する対応ですが、それ以前の年齢でも、思い直す余裕を与えるという原則は通用するでしょう。子どもが心の余裕を得られるだけの「間」を与えるということです。たとえば、「お風呂にはいるよ」と言葉をかけると、この年齢の子どもはたいてい「イヤ」と反発します。「イヤじゃないの。早く来なさい」とたたみかけるように言葉を続けると、子どもから余裕が失われて「イヤ」の強情を強めさせ、ダダコネをもつれさせてしまいます。最初の「イヤ」に対して親は反論せずに「そう言うと思ったよ」というくらいの気持ちで、「イヤ」を背中で聞き流しながら風呂の湯加減を見たらどうでしょう。その間の一〜二分の間に子どもは思い直し、「オフロ〜」とやってくることが結構多いものです。

子どもの興奮を鎮めようとしても、なかなか鎮まらないこともあります。とくに子どもの年齢が二歳半以前の場合は、自分の要求が受け入れられないと興奮が止めどもなく高まってどうにもならないことがあります。外へ出て冷たい空気に触れて気もちが収まるように働きかけたり、いったんは子どもの要求を受け入れたりしなければならないかもしれません。しかしその場合でも、周囲に目を向けるような働きかけをしておくことが、やがて立ち直ったときの「育ち」のきっかけを与えるのではないでしょうか。

ほしざき保育園の森岡正之さんは、こだわりの強い一歳児と格闘したときの様子を次のように記しています。

かわいいフリルのついたパンツ、パジャマなどその時々に着るものにこだわってるまりちゃん。先日、パジャマに着がえるのがイヤでリボンのついたアンダーシャツスタイルで「コレガイイ！」と言うので着替えずに寝ました。お昼寝から起きてからもずーっとこのスタイルです。さて、次の日も同じ下着スタイルで登園してきたのでこれはいかんと午睡の着がえの時、汚れもついていたのでイヤがるまりちゃんに「まりちゃん、汚れとるよー、きれいなのにかえよう」「ウンコ、ついているよ」と強引に脱がせるとひっくりかえって「コレガイイ、コレガイイ」とギャン、ギャン。結局「まりちゃんはこれがいいんだよね」と根負けして元の下着にするとその途端、ピタッと泣きやむのです。でも、この日、お昼寝から起きたまりちゃんが、着ているシャツを指さしながら「汚レトル、ウンコツイテル」と言って、やっと自分から着がえたそうです。こだわり続け泣いてパニックになっていても保育者の話はまりちゃんの胸の内に届いていたのです。

（森岡正之「一歳児のこだわりと向い合って」、『名古屋保育問題研究』、第一九号、一九九三）

こだわったりワガママをいったり強情だったり…と、つきあいにくい一、二歳児ではありますが、強情な中にも立ち直りの可能性を秘めているのではないでしょうか。それは子どもの「育つ力」なのかもしれません。

今日の状況は、子どものワガママやダダコネが助長される環境にあります。スーパーに行けば、子どもの手の届く範囲に子どもの好きなお菓子やおもちゃがおいてあって、「買いたい」という子どもの欲求を引き出そうとしています。親の労働時間や通勤時間が不規則、長時間になる中で、子どもの生活のリズムも乱れがち。睡眠不足や疲労は、「…デハナイ、…ダ」と思い直す子どもの精神的な粘りを失わせてしまいます。親からも子どもを受け入れ、子どもに心理的余裕を与えるだけの余裕が奪われがちです。

「イヤ」の始まりは子どもの発達の現れであって、ひとまず歓迎したいできごとだと冒頭で述べましたが、「イヤ！」「イヤじゃないの！」という正面衝突が繰り返されると、子どもたちは親の言い聞かせを打ち破ろうという力を込めてダダコネをするようになります。そのときのダダコネは周囲に目を向けることを最初から拒否して、何がなんでも自分の要求を押し通そうとするがむしゃらな強情さをもってしまいます。そして、最初は発達の現れであったはずのダダコネが、強情な性格へと変質してしまいかねません。

このような時代であるからこそいっそう、私たちは自分の気持に余裕を持てるように、人間らしいゆとりのある生活を自覚的に追求していかなければならないのかもしれません。

三．生活の主体として育てる

「やりおえた」という満足感を通して生活の見通しを育てる

「〜スルツモリ」という内的な要求が育ちはじめた一、二歳児は、自分のやりたいことがたくさんあって、生活の流れからはみ出してしまうことがよくあります。前項で述べたのは困った場面でのワガママでしたが、本当は子どもの要求をかなえてやりたいのにかなえられないというジレンマを感じることもあります。しつけの年齢といわれる一〜二歳児期は、子どものやりたいことを保障しながらも、生活の流れを理解して行動できるように少しずつ育てていかなければならない時期でもあります。子どもを「自覚的な生活者」として育てるとはどのようなことなのでしょうか。

名古屋市立春里保育園の冨田早苗さんは、討論の素材として、一歳児クラスの次のようなエピソードを報告してくださいました。やや長くなりますが、引用させていただいて、考える端緒にしたいと思います。

この日は登園人数が少なくとても気持ちのいい日だっだので「初の遠出散歩に行こう！」ということになり、出かけた。二人の担任と看護実習生さんで、乳母車に五人を乗せ目的地の茶屋ヶ坂公園に到着（大人の足で十五分ほど）。林の中でマツボックリ拾い・ドングリ拾いを楽しんだあと、林の小道の脇に順番に並んでいるアスレチックのところに行った。子どもたちは初めて見る遊具に大喜び、くぐったり、登ったり、渡ったり・乗ったり…。夢中で遊ぶ姿を見て、一五分で帰ることができるから、ぎりぎりの一〇時四五分になったら帰ろうねと、保母どうしで確認しあった。

最後から二番目の遊具を楽しんでから「帰って給食食べようね」と今来た道を戻ろうとしてると、Rちゃん（二歳四か月）が、最後の遊具の丸太にしがみつき、何とか登ろうとしていた。何度やっても登ることができないのでとうとうあきらめ、みんなの後を追った。他の子はRちゃんが来るまで、最初にあった遊具で遊んでいた。Rちゃんも追いついてからその遊具で遊んだ。「保育園帰ろうね」の声を聞いて他の子は乳母車の方へ行ったがRちゃんだけは「まだ遊ぶ！」と帰ろうとしない。保母が「楽しかったもんね。また来ようね」「給食、今日りんごあるって」と声をかけても「まだ遊ぶ！」「そうだよね、楽しかったからまだ遊びたいよね、でも給食だから帰ろうね」「まだ遊ぶ」のやりとりにもう一時を過ぎてあせっていた私は、「じゃ、Rちゃん遊んでてね。ばいばい」と冷たく突き放した。当然Rちゃんの泣き声。私は「また今度来よう」とだっこしてその場から離れた。

冷たく突き放すことでさっさと解決してしまおうとしてしまう自分に対し疑問をもった。

（冨田早苗「考えてしまった保育の中の一コマ」、愛知県保育団体連絡協議会一九九六年度保育学校報告）

あまりにもよくある場面です。あまりにも日常的な場面だからこそ、「仕方ないよ」と片づけられてしまうことが多いし、ひどい場合は「Rちゃんは頑固だから」と子どものせいにして片づけてしまうこともありうるのですが、そこに疑問を持ってご自分の保育を振り返ろうとされた若い保育者の冨田さんの感性に敬意を表したいと思います。

「もっと遊びたい」という思いは、Rちゃんだけでなく、保育者側にもあったはずです。事情が許せば、かなり柔軟な日課を組んで思う存分遊ぶのもよいでしょう。しかし、その後の生活を快適にするためには食事をとらなければならないし、昼寝もしなければならないわけです。このとき、どう対応したらよいのでしょうか。

この日の散歩先は初めての所でした。いつもの場所であれば、毎日の繰り返しによっていつ頃帰るのかという習慣や見通しが子どもの側にも生まれているので、活動を締めくくることはそれほど難しくなかったかもしれません。しかし初めての場所で子どもの方に「予想」が育っていないのだから、活動の締めくくりには時間がかかると考えるべきだったのでしょう。いつもよりも早めに声をかけて余裕を持って遊びを終えるとか、いつもより遅く昼食を取る段取りをしておく必要があったわけです。「楽しそうだからぎりぎりまで遊ばせよう」という保育者の好意が、Rちゃんにとっては逆の意味を持ってしまったといえます。

最後の場面で、Rちゃんはみんなが集まっているところへやってきました。みんなからすれば、待っていたのだから、Rちゃんが戻ったら「さあ帰ろう」ということになるのですが、Rちゃんからすれば、みんなともうひと遊びしようと思って来た矢先に、「帰るよ」と言葉をかけられてしまったわけです。「もうひと遊び」には、それほど時間がかからなかったのではないでしょうか。もし、もう少し早く声かけがされていれば、「もうひと遊び」を保障したあとで気持ちよく活動を締めくくることができたかもしれません。

対応の仕方はいろいろあると思うのですが、「〜するつもり」という要求がふくらんできて、けれどもまだ生活の見通しが十分でない一、二歳児に対しては、できるだけ活動の切りかえやすい条件を準備して、その上で活動を締めくくり、「やりおえたね」「おもしろかったね」という満足感の上に、「じゃあ、今度は保育園に帰ってご飯を食べよう」という次の見通しを持って行動することが大切ではないかと考えています。そうすることで、今はまだ自覚的な生活の見通しを持ってはいないけれども、自分の頭で生活の見通しを考える「明日の自分」に向かって進むことができるのではないかと思うのです。

ゆっくりとしめくくって次の活動へ

複数担任の乳児クラスであれば、一人が片づけに入りもう一人が次の活動の準備をするというように役割分担をして、日課がスムーズに回るように心がけることでしょう。そういう配慮のもとで、子どもたちは活動の切れ目に目標を失ってふらふらすることなく、次の活動へと移っていくことができます。

ところで、日課や活動の切りかわりは、子どもの目にはどう映っているのでしょうか。五年の間隔をおいて一歳児クラスを担当した志津光子さんと伊東弘子さんのふたつの実践は、この点について示唆に富んでいます。

お二人が最初に一歳児を担当した四月、おもちゃの取り合いをしたりひっかき合ったりして騒然とした子どもたちの姿に直面します。なかでも、日課の変わり目、次の行動に移ろうという場面の転換の時にぶつかり合いがよく起きるようでした。散歩に出る前、靴をはかせてから乳母車に乗せるまでの間、乳母車に乗ってから出発するまでの間、オヤツが始まる前、終わってから、オマルに座っているとき…。ところが、一歩園から踏み出して散歩に出るとぶつかり合いはぴたりとやんで、どの子も機嫌がよくなるのです。「外気の気持ちよさと、様々な刺激が、気分転換になり機嫌をよくするのではないか」と考えた保育者は、とにかく子どもたちに散歩を保障しようと努力します。このときの実践は、一歳児の散歩のおもしろさがどこにあるのかを探り、本当に楽しい散歩を保障した、すばらしい実践でした。（志津光子・相馬弘子「一歳児のさんぽ」、どんぐり保育園『まつぼっくり』第一七号、一九八四年）

こうして楽しい園生活を送った子どもたちでしたが、彼らが乳児期を卒業して幼児になったとき、ちょっと困った姿が出てきました。部屋の中で信じられないくらいの大声でしゃべる、ある程度のあいだ大人の話や友だちの話を聞いている集中力が育っていない。自己主張が強いのはいいけれど、仲間とのぶつかりあいが多すぎる…。それは幼児保育の課題だったのかもしれませんが、志津さんと伊東さんは、乳児期からの保育も見直す必要があるのではないかと考えました。そして、五年後にふたたび一歳児を担当したとき、新たな思いで乳児保育に取り組みます。

二度目の一歳児担当のとき、お二人が特に意識したのは遊びを育てることでした。乳児期からじっくり遊ぶ経験を積み重ねていけば、幼児期になってからの集中力の育ちにつながるのではないかと考えたからです。

さらに、生活の流れについても見なおし、以前の実践ではぶつかり合いを未然にふせいで楽しい生活を保障するために「とにかく外へ」と散歩に出かけたけれども、保育をスムーズに流すためにくるくると動いていたのは保育者ばかりで、子どもたちの気持ちの切りかえは保障されていなかったのではないかと総括しました。子どもにしてみれば、自ら気もちを切りかえるのではなく、周囲の働きかけや外からの刺激によって、別の方向に気ちを向けさせられただけではないかというわけです。そこで、この年は、活動の切りかえが子どもの心に落ちて、日課の切りかえが子どもの気もちの切りかえにもなるようにと、ゆったりと時間をとるようにしました。やや長くなりますが、実践記録から該当部分を引用してみたいと思います。

たとえば、布団の山で遊んで、ひとしきり満足して、フラフラぬけでる子や、他のあそびをはじめた子ども、ぶつかり合いがはじまったら、今までならそこでおしまい。そして次、描画を…と考えていたなら、マジックをとりだしてきて「見て～、いいものあるよ、ジージーかこうか～」と、子ども達の気持ちをそらにむける方法をとってきたように思います。…でも、今年は「さあ、おしまいにしようかな。お布団片づけて、ジージーかこうかな。どうする?」とそばの子に働きかけて、一緒に布団をワッショイ、ワッショイと片づけて…とこの間、この時間をゆったりととって大事にしてきました。ことばかけも「早く片づけて、ジージーかこうね」ではなくて、保育者自身が片づけを楽しむように、ゆっくりゆっくりやろうと心がけてきました。「ルリチャンノフトンハダメーッ」「アッチャンノ～　ジブンデー」、そんなやりとりを楽しんで片づけて、「ア～、きれいになったね」「さあ、はじめようか」そんなことを大事にしてきました。(志津光子・伊東弘子、『『とにかく散歩へ』から生活を大事に!!』どんぐり保育園『まつぼっくり』第二三号、一九八九)

乳児はちょこまかと動くので落ち着きがないように見えますが、子どもの心の中の時間はゆっくりと動いているのではないでしょうか。大人がばたばたと動いていたり、活動の切りかわりが急であると、外の時間の流れが速すぎて、子どもには意味が分からなくなってしまうかもしれません。それが「日課の切りかわりの時に不安定になる」という原因のひとつではないかと思うのです。子どもが生活の主体になるためには、今何が起こっていて、何をしようとしているのかという生活の流れが子どもの意識に映って、納得される必要があります。そのためにゆったりと生活を切り替えていくことが大切なのでしょう。

　このように考えると、生活の切りかえ時に限らず、よくわからないまま流れのなかで動かされていることが乳児には意外に多いのではないかと思われます。

　たとえば、一～二歳児は追いかけ遊びをとても喜びます。二歳児クラスになると、保育者がトロルになってヤギの子どもたちと追いかけあうような、「つもり遊び」的な要素を含んだ追いかけ遊びも始まります。しかし、逃げる―追いかけるという動きがあまりにもめまぐるしく展開された場合は、どこへ走るのか、今何になったつもりで走っているのかという内面的な思いがついてこられず、「ワー」「キャー」とひたすら興奮して走りまわるだけの遊びに転化してしまうことがあります。そのような遊びもときには楽しいのですが、興奮したときには子どもの表情もニコニコして上気するので、とても充実して楽しい遊びだと大人を勘違いさせてしまい、その遊びばかりになってしまうことがあります。その場合には、内的な「思い」が置き去りにされている分だけ衝動性を高め、じっくりと遊ぶ経験を失わせてしまう危険性がうまれるでしょう。

　今はどんな場面か、何に向かって行動するのか。二歳になると、そういうことが少しずつ理解されてくるように思います。「二歳はしつけの年齢」と言われるのも、このような発達の姿があるからでしょう。しかし、しつけは叱って育てるものではありません。大人に叱られるからやるのではなく、周囲の出来事に目を向け、納得して動けるためには、ゆったりとした日課の中で日常生活の一つ一つの行動を意識に落として経験することや、自分の思いを込めてじっくりと遊びに関わっていくことが必要なのではないかと思うのです。そういうなかで、周囲の状況と自分の行動とをかみ合わせていけたときに、本当の意味での生活の主体としての育ちが実現されるし、しつけも達成されるのではないでしょうか。

第三章

生まれはじめた小さな自尊心

——一歳〜三歳の子どもたち（その二）

一・「自分」の発見

第二章では、一歳半前後の子どもの発達の重要な変化として「表象」の成立をとりあげ、表象との関連で一、二歳児の成長を見てきました。一歳代のもうひとつの重大な変化は、子どもに自己意識が成立してくることです。しかも、自己の理解は他者の理解と軌を一にして成立してきます。一歳中頃から、子どもたちは他者との関係の中で自分を発見し、同時に友だちを発見し、友だちとの関わり方を育てながら自分をふくらませていきます。第三章では、自己意識の成立・成長と友だち関係の育ちについて見ていきましょう。

自分に気づく頃

私たちは他者の姿を見ることはできますが、自分の姿を見ることができません。鏡を使ってようやく自分を見ることができるわけですが、幼い子どもは鏡の中の自分を自分だと認めることができるのでしょうか。

これまでの研究によると、一歳前半頃まで、子どもには「鏡に映った子どもは自分である」という明確な理解は生じないように思われます。けれども、鏡の中の子どもは他の子どもとはだいぶ様子が異なります。自分が動くと鏡の中の「子ども」も同じように動くからです。この時期の子どもにゴムボールをもたせて鏡を見せると、ボールを鏡に押しつけて、鏡の中のボールと自分の持っているボールとをくっつけようとします。子どものようだけれど他の子どもとは違って自分と何らかの関わりのある不思議な存在として、乳児は鏡の中の自分を意識するのかも知れません。

一歳中頃から、鏡の中の子どもは自分なんだという理解が成立してきます。子どもの顔に口紅をつけて鏡の前に立たせると、一歳前半の子どもは鏡の中の子どもを指さしても自分自身を指さしたりはしませんが、一歳中頃になると、彼らは鏡を指さすだけではなく自分の顔についている口紅に触ります。鏡に映っている子どもは自分だと気づくから、自分自身の口紅を拭こうとするわけです。

鏡の中の自分を理解するのは、興味深い現象です。それは、いつも見ている他者と同じような存在として自分を意識することにつながるからです。ちょうどこの頃から、名前についての理解もはっきりしてきます。それまでは保育者が友だちの名前を呼んだときにも「ハーイ」と手をあげていた子どもが、一歳中頃からは自分の名前以外の時は手を上げず、呼ばれた友だちの方を見るようになります。自分を「〇〇ちゃん」と三人称で呼ぶようにもなります。

さらに興味深いことに、鏡の中の自分を理解し自分の名前を言えるようになる頃、子どもは他者に対して思いやりを示しはじめるのです。

久保ゆかりさんは「他者理解と共感性」という論文の中で、他者を慰める行動の始まりを扱った発達研究をいくつか紹介していますが（『新・児童心理学講座　8　対人関係と社会性の発達』、金子書房、一九九二）、そのなかに、おかあさんが子どもの前で苦痛を演技したとき、子どもがどのように反応するかを調べた実験的な研究があります。それによると、ゼロ歳一〇か月から一二か月頃までの子どもは、苦しんでいるおかあさんに同情を示すよりも、まるで、おかあさんの苦痛が伝染するかのように、緊張したり泣き出したりするといいます。ところが、一歳半頃からは苦しんでいるおかあさんにおもちゃを持っていって慰めようとしたり、「だいじょうぶ?」と言葉をかけたり、「足を痛めたのね」といいながら母親の足をさすったりする行動が最も多くなるということでした。

自分の名前がわかり、鏡の中の自分を意識する頃、子どもたちは他者との関係も作り直していくわけです。子どもたちは、他者と同じように客観的に存在している一人の人間として自分を理解することができはじめ、同時に、自分と同じように主観を持った主体的な存在として他者を理解することができはじめます。気持ちの持ちようから見れば、他者と自分とが未分化であった状況をまたひとつ脱して、自分の主観を他者の主観から独立したものとして独自性を保ちながら、かつ、他者の主観を理解して励ましたり慰めようとする気持ちが出てくると理解できるのです。

このような成長を「自我のめばえ」と呼ぶことがあります。

自立へ向けて身を乗り出す子どもたち

自我が芽生えた子どもたちは、大人との一体的な関係から次第に身を乗り出そうとしはじめます。その様子は、図のように理解するとわかりやすいかも知れません。

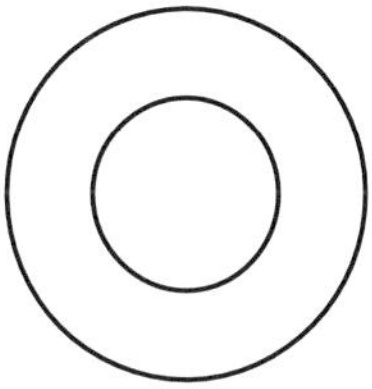

図１．１歳児と大人との関係

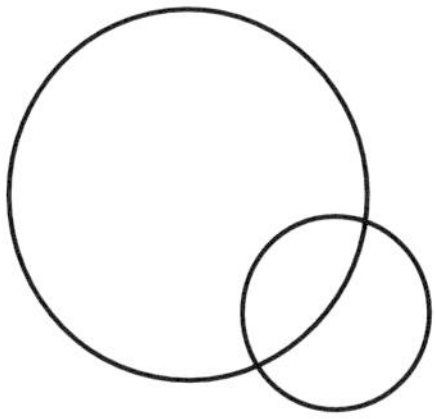

図２．２歳児と大人との関係

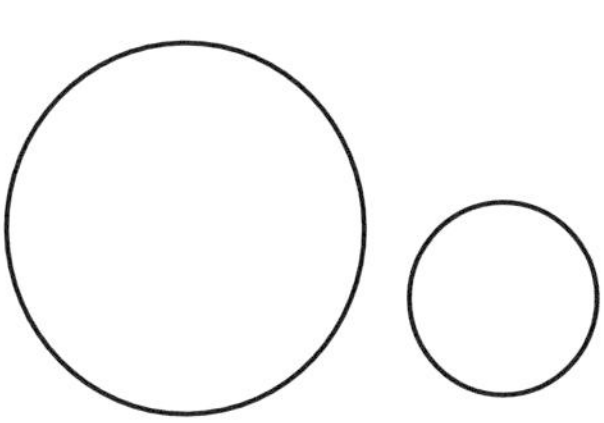

図３．３歳児と大人との関係

図1～図3の大きな丸は大人を表し、小さな丸は子どもを表しています。

図1の一歳児は同心円で描かれていますが、これは、大人と子どもがまだ一体的な活動をしていることを意味します。何らかの活動をするとき、一歳児は大人と二人で一つの活動を行おうとします。たとえば絵を描くとき。おかあさんが「ほら、ブーブーだよ」といいながら紙の隅に自動車の絵を描くと、広いスペースが残っているにも関わらず、子どもはおかあさんの描いた車の上になぐり書きをします。二人で一つの絵を作り上げようとするわけです。

ところが、二歳を過ぎると、子どもたちは大人と一緒に活動することを拒否するようになります。「ジブンデスルノ！」というわけです。親が靴をはかせると怒って、せっかく履いた靴を脱ぎとばし、もう一度履きなおしてから「ジブンデシタノ」と満足することさえあります。この頃の子どもたちは「ミテテ！」という言葉をしょっちゅう使いますが、「ミテテ」には、二つの意味が込められていると考えられるでしょう。一つは「大人は手を出さないで自分だけでやらせて」という自己主張の意味です。もう一つは、「遠くへ行ってしまわないで、そこで見守っていて」という依存要求です。二歳は依存しながら自立へ向けて身を乗り出す年齢だともいえるでしょう。図は大人に依存する部分を丸の重なりとして、身を乗り出している部分を小円のはみ出しとして示してあります。

三歳になると、精神的にはまだ大人に依存しているとはいえ、自己意識という点では、「一人前」を主張するようになります。二歳の頃は「ミテテ」と言いながら自分のことを自分でやって自慢げだったのが、三歳になると人に対して「ヤッテアゲル」とおせっかいをやきたくなります。「ボクハ、モウ一人前ダ。ダカラ、人ノ役ニモ立チタインダ」という訳です。『しょうぼうじどうしゃ　じぷた』のように「ちびっこでも、すごく　せいのうが　いいんだぞ！」と認められたいわけです。図３では三歳児の一人前意識を表すために、小さい丸を大きい丸から独立して描いてあります。

以上のように、一歳中頃に芽生えた自我は、二歳、三歳と年齢を経るごとに、依存を支えにしながら、自立に向かって歩んでいくことになります。

揺れる自我と心の支え

どの年齢でもそうであるように、身を乗り出すことは不安を伴います。とくに、依存しつつ自立していく二歳の時期、子どもたちには不安反応が強く出ることがあります。

公園などに行って他の子どもがいると親を離れることができなくなってしまう子ども。知らない人がたずねてきたり、知らない場所に行ったときにはハンカチなどの「心の杖」を離せなくなってしまう子ども。知り合いの大人と道でばったり会うと、おかあさんのスカートの後ろへ隠れてしまう子ども。二歳を中心とした前後の時期に、このような不安を示す子どもは珍しくありませんし、発達の現れとしては自然な姿だともいえます。しかし、親は引っ込み思案なわが子にややイライラして、「ほら、あなたもみんなと一緒にあそびなさい」とか、「ハンカチを離して」「あいさつをしなさい」などと子どもを押し出すような言葉をかけたくなります。この時期の子どもは、自分から出ていこうかどうか迷うから不安になるわけですから、そこへ大人から「出て行きなさい」という意味の言葉をかけられると、押し出されてしまうのではないかという不安が高まって、いっそう引っ込み思案になってしまうでしょう。

場所見知りの強い子どもたちを散歩に連れ出す実践の中で、どんぐり保育園では大人がゆったりと関わることで不安の強い子どもの活動性を引き出すことができると述べています。引用してみましょう。

「場所見知りで、ウバ車をおりてから、保母にくっついているみなです。保母がどっかりと腰をおろして、一面のたんぽぽやすみれをつんで、髪につけたり、フーッとふいたり腕につけて『とけいよ』と遊んで見せると、しばらくして安心していたのか、たんぽぽつみでなく、草つみをしています。場所見知りをするみなだけでなく、動きの活発なゆき、千晶も、保母が子どもの動きにあわせて、ゆっくり歩き、腰をおろし、という中で、安心して動きまわれるようで、保母のまわりを、フラフラと歩いては、何やら見つけていました。子どもの見つけた物やあそびに保母が共感し、遊んでみせたりする中で、楽しい気もちがふくらみます。みなからはじまって、千晶、ゆきと、時期をずらして場所見知りが出てきましたが、散歩先を同じところに行くようにしたり、保母がゆったりと働きかけ、一人ひとりとの対応を大切にする中で、のりこえてきました。」（志津光子・相馬弘子「一歳児のさんぽ」、どんぐり保育園『まつぼっくり』第一七号、一九八四）

無理に押し出さず、大人が腰を下ろすくらいの余裕の姿を見せたときに、子どもたちも安心して次第に活動の中へ入っていくということでしょう。

二　誇りが子どもを育てる

自分のものにこだわる

子どもの発達にとって自我のめばえの意味は、「自分を大切にしたい」という気持ちが生まれ、その気持ちが自分を育ててくれることにあります。自分のものにこだわる姿も

「自分を大切にしたい」ということのひとつの現れであるように思われます。

笑い話のようですが、一歳児は急にケチになります。私の息子のトモオが一歳八か月の時に、こんなことがありました。おやつにプリンを出したのですが、まだ不器用なスプーンで食べようとしたため、まさに一口食べようとした瞬間にプリンを丸ごと床の上に落としてしまいました。残念ながら、プリンはひとつしかありません。食べようとした瞬間に全てが失われてしまった無念さを思うと、親としては何とかしてやりたくなります。仕方がないので、母親が床の上に落ちたプリンを指先でつかんで、トモオの皿に戻しました。多少汚れはついているかもしれないけれど、全てをなくした悲しみよりはマシだろう、というわけです。その後で、母親は自分の指先についたプリンのかすをぺろりとなめました。そうしたら、トモオが激怒しました。「トモくんのを食べたー!」というわけです。

指先についたプリンのかけらまで自分のものだ、というケチなトモオに両親はとまどい、大笑いしてしまったのですが、それも「自分のもの」という所有意識がしっかりしてきた現れであるわけです。

二歳～三歳になると、「自分のもの」にこだわる気持ちは、「もっともっと」とふくらんでいきます。落ち葉がいっぱいの秋の公園に透明なビニール袋を持ってでかけると、自分の袋の中にたくさんの枯れ葉を集めます。たくさん取れたことが嬉しくて、大人から見ると汚い雨に濡れた落ち葉でさえも袋に詰め込んで、宝物のように大切に家まで持ち帰ります。遊ぶわけでもないのにおもちゃをたくさん抱え込んで満足そうにうろうろしていることもありますし、散歩先で拾ってきた棒きれや石などのたわいもないものをたくさん自分のロッカーや引き出しにしまい込むために、引き出しの中がプ～ンと臭うことさえあります。

つまらないものをため込んだり、「自分のもの」にこだわる姿は、大人から見るとあまり望ましいようには思えませんが、子どもは自分が豊かになったように感じるのではないでしょうか。それは、やがて自分の描いた絵を大切にしたり、ブロックや粘土で作った作品をすぐに壊さずに棚に飾ってもらいたがる気持ちにつながるものとして、大切にしたいものだと思います。

保育園などの集団の場では、「自分のもの」よりも「みんなのもの」の方が多いのが通例です。私有物を持っていると他の子どもがそれを欲しくなったときに困るからという配慮なのでしょう。しかし、私はむしろ、ある程度の私有物はあってもよいのではないかと考えています。子どもたち一人ひとりのマークを決め、コップやお手拭きタオルなどの私有物にマークをつけたり、自分の座る机や椅子にマークをつけたりする保育園が多くなっていますが、自分のマークに対する子どもの愛着には大きなものがあります。自分のものがあることによって、子どもたちは何となく豊かな気持ちになり、自分の場所があることによって心理的にも安定するのではないかと思います。

誇りが子どもを育てる

自我が生まれた子どもたちは、「みんなからスゴイと言われたい」という要求を持つようになります。

もういちど、息子の例をふたつあげさせてください。

トモオは難病を持っており、満一歳から満二歳までの一年間に、約二〇〇本の注射をしました。しかし、静脈注射なので、針を刺すときはチクリと痛いけれど、注射液を注入するときは痛くないことに気づいたトモオは、一歳半をすぎる頃から注射では泣かなくなりました。一歳八か月のときのことです。注射をしても泣かないので、そばにいた五人の看護婦さんがびっくりして、トモオのベットをとりかこんで「強いわー」「えらいねー」「賢いわー」と、ほめことばを雨あられのようにトモオにあびせかけたことがありました。私はこんなにほめられてはトモオの性格がどうかなってしまうのではないかと、トモオの顔をのぞき込んでいたのですが、注射を受けているときはやはり緊張しているので、表情一つ動かさず、神妙にしていました。しかし、実は、耳をじっと傾けて、看護婦さんの言葉をしっかり聞いていたのでした。注射が終わり、診察室を出たとたん、足をぴたりと止めて、満足そうに、「看護婦さん、賢いって、言った…」とつぶやいたのです。

　ゼロ歳の末頃から、子どもたちはなにかができるとニコッとうれしそうな表情をしたり、「ホメテ」というように大人を振り返ったりします。それも、できた喜びや一種の達成感でしょう。しかし、一歳半ば頃からの達成感はそれ以前と本質的に違うように感じられます。ある行為ができたという喜びを越えて、自分が認められた満足感や自分に対する自信として内面に蓄積されていくようです。逆に、何かができないと、その行為ができなかったという悔しさだけではなく、自分が認められないという自尊心の傷つきと感じられ、他の行為をしてそのマイナスを回復しようとする姿が認められます。

　トモオが満二歳のお誕生日を迎えたとき、同年齢の女児のいるとなりの家族と一緒に花火大会をしました。ところが、となりの女児は花火を持って「キレイ」と楽しんでいるのに、トモオは恐くて花火を持てなかったのです。私は「弱虫だなあ、じゃあ、おとうさんがやるから、トモオはやらなくてもいいや」と言って、持とうとしない花火をうけとりました。この一言がトモオを傷つけたらしいのです。しばらくしてまわりを見渡してみたら、トモオがいません。探すと、花火の輪から二メートルほど離れた壁際で、必死の表情で、人知れず「糸巻き」の手遊びをしていました。「弱虫」の一言で傷ついたプライドを回復するために、誰かに見つけてもらってほめてもらいたいという一心で、「糸巻き」をしていたのでした。

このように、一歳半ば過ぎから、子どもたちは傷つきやすい自尊心という、やっかいなものとつきあい始めるわけです。そのために、あるときはこの世は我が天下とばかりに快活に振る舞うかと思えば、あるときはすねたり傷ついたりして、どんなに誘っても保育室に入ってこないというような、揺れ動く心情が成立してくるのではないでしょうか。

揺れ動きの基本はやはり「スゴイ自分でありたい」ということにあります。ですから、揺れ動きの中から自分を育てる力が生まれてきます。

二歳児クラスを担当した大橋美由紀さんは、子どもたちが友だちとのケンカからさわやかに立ち直る姿をいくつか報告してくれています。たとえば、エナブロックの片づけをどちらがやるかでケンカになった友香ちゃんと貴彦くんは、ふたりの言い分を受けとめ、「二人で運んだら?」と保育者が提案したにもかかわらず、その日は納得できないまま終わってしまいました。ところが三日後、二人は次のような姿を見せてくれました。

そんなやりとりをした三日後のことです。またエナブロックであそんでいた後、片づけの時間になりました。ずい分片づいてきた頃「ネー見テー!」とどこからか声がきこえてきました。ふと見ると、なんと、この間ケンカしていた友香ちゃんと貴彦くんの二人が一緒にひとつのカゴを持ちあげて運んでいたのです。この時の二人の表情はとても生き生きしていて満足感にあふれていました。

（大橋美由紀「二歳児の子ども同士の関わりと保育者の援助」、『名古屋保育問題研究』第一九号、一九九三）

三日前は自己主張の引っ込みがつかなくなってしまったけれども、今日は「ステキな自分」を選ぶことができた。その満足感が、生き生きとした表情になっていたのではないでしょうか。

一歳半ば以降の子どもには強引な自己主張やこだわりが目立ちますが、同時に、「スゴイネと言われる自分でありたい」という自己の成長への要求も強く存在しています。「ゴネゴネヲ通シタイ」という「我」にこだわる自分と、「デモ今何ヲスベキカ、ワカッテイルンダヨ」という自己の成長を願う自分とがいる。そして、トラブルの最中には引っ込みがつかなくなってしまうけれど、少し落ち着いた後では、「スゴイネと言われる自分でありたい」という自我の成長要求が、子どもたちに一皮むけた行動をとらせ、さわやかな立ち直りを見せてくれるのではないかと思います。

このように、自分を意識した子どもたちは、自分の力で育とうとします。だからこそ、子どもを尊重し、ほめて励ますことによって、「大きくなりたい」という成長要求を励ましてやりたいのです。

三、友だちとの関わりの育ち

自我のめばえに伴って、友だちを見る見方も大きく変化していきます。一歳中頃から、子どもたちは自分と同じような行動主体として、友だちを理解しはじめるようです。

友だち理解の変化は、ケンカがはじまることに端的に示されます。おもちゃを取り合うとき、一歳前半頃までは、ふたりの意識はあくまでもおもちゃに向けられているために、力の強い方がさっと奪い、力の弱い方はその場で泣くだけです。一歳中頃になると様子はだいぶ違ってきます。奪われそうになると、子どもはおもちゃを引っ張るだけでなく、かみついたり髪の毛を引っ張ったりして相手を撃退します。行動の矛先が、おもちゃにではなく、相手に向けられるわけです。自分のじゃまをする行為の主体として相手を意識するから、相手をやっつけてしまった方が手っ取り早く目的を達成できると考えるのでしょう。友だちを主体として理解しはじめた子どもたちは、友だちと自分との関係を意識し、人間関係のなかで泣き、笑い、感動する時代に突入していきます。

豊かな「同調」の時代

発達心理学が乳児の友だち関係には意味がないと考えた時代がありました。萩野美佐子さんによれば、一九三〇年頃の結論は、二歳までの乳児には相手への関心が乏しい、関わりがあるとしても物をめぐる争いのような否定的なやりとりが多いということでした。しかし、一九七〇年代になって、「友だちへの関心は子どもの置かれた状況によって左右されるのではないか」「否定的な関わりにも、乳児の社会性を育てる大切な意味が隠されているのではないか」という見直しが行われたということです。（萩野美佐子「親子・社会的関係の発展」、『新・児童心理学講座　第二巻』、金子書房、一九九二年）

物をめぐるトラブルが多いのは事実ですが、それにもまして豊かなかかわりがあるから、乳児の友だち関係が見直されたのでしょう。では、乳児にとって、友だちにはどのような意味があるのでしょうか。萩野さんは次のような観察事例をあげておられます。

「ある保育園のゼロ歳児クラスで、散歩に行くために次々に部屋を子どもたちが出ていったところ、まだハイハイ段階の子どもが二人残ってしまった。皆の後を追うように進み始めたが、部屋から照明の暗い廊下を見て、一瞬躊躇した。互いに顔を見合わせて、他方が来ることを確認したところで廊下に進み出していった。〟仲間〝がいることで不安な空間がそうでないものになったと解釈できる。」

同じ世界が、友だちがいるおかげで違った意味を持つ世界として理解される。この点に乳児期の友だちの最も大切な意味があると考えられます。

一歳児クラスの子どもには同調的な行動がほんとうにたくさん見られます。散歩先で、民家の庭に犬が飼われているのを発見した子どもが「ワンワン!」とのぞき込むと、他の子どもたちも我先に集まって、門扉に鈴なりになって「ワンワン!」と飽かず眺める。友だちがすべり台の上から保育者に「オーイ」と手を振ると、自分もすべり台に登って並んで手を振ろうとする…。そのときの子どもたちの表情は、興味津々の真剣な表情であったり、はちきれんばかりの笑顔であったりします。

「同調」というコトバには主体性なく調子を合わせるというニュアンスがありますが、一歳児の表情を見ると「主体性がない」などとはとても思えません。友だちのそぶりを通して「イヌはスゴイよ!」「すべり台の上から手を振るとおもしろいよ!」という対象や活動の意味を伝えられ、関心を引き出された子どもたちが主体的に活動に参加し、「ホントにスゴイ」「ホントにおもしろい」という経験を積み上げていくのが一歳児の「同調」なのではないでしょうか。

友だちを通して、自分一人では気づかなかったさまざまな事物や活動の意味を発見し、楽しさや主体性の幅を広げていくのが友だちとの関わりの基本だと思います。大げさに言えば、「世の中にはおもしろいことや興味深いことがたくさんある」「みんなと一緒に生活するのは本当に楽しいことだ」という「世界観」を友だちと一緒に築いているといえるでしょう。

このように大切な意味があるから、多少のケンカはあったとしても、乳児期から友だち関係を豊かにふくらませていきたいと思うのです。

「友情」のはじまり

共感的活動を共にしてきた子どもたちは、やがて生まれて初めての「連帯感」や「友情」を築きはじめます。次にあげるのは一歳児クラスのエピソードです。

最近はこんなことがありました。ともくん（二歳三か月）がカップに砂を入れて、それを口に入れて食べはじめたので、保母「あっ、お砂食べないで！」
ともお「お砂じゃないよ。これジュース。」
みどり（二歳四か月）「これジュースだよ。」
二人「ねえー」
はるか（二歳一か月）「ねえーっ」
みどり・ともお（保母にむかって）「あっかんべー」
よしたけ（一歳一〇か月）・はるか「あっかんべー」
保母「エーン、エーン。みんながいじめたあー、みんながいじめるからもうかえるうー」
みどり「いけません！」
ともお・はるか「いけません！」
みどり「ここで泣いてなさい！」

（こすもす保育園クラスだより、一九八三）

顔を見合わせて「ねえー」と共感する姿は、動作的な同調の域を越え、「ぼくたち子どもどうしだよね」とでもいうような連帯意識、人と人としての共感関係を感じさせます。

私は、このような共感関係は、同調的な"一緒の活動"を行うなかから生み出されてくるのではないかと考えています。

共感関係が成立するためには、多少とも相手の気持ちを理解できなければなりません。しかし、他者を主体として認めはじめた一歳児とはいえ、他者の気持ちを理解するのは難しいことです。一歳児は、泣いている友だちの髪をぎゅーっとひっぱり、いっそう激しく泣かせてしまうことがあります。慰めようとしているのでしょうが、どうしたら泣きやむのか理解できないためにこのような行動となるのでしょう。

気持ちが伝わりやすいのは、二人が同じ立場で同じ気持ちを持っているときです。友だちと一緒の活動をして楽しい気持ちを共有したとき、「ぼくたち同じように楽しい」ということがわかり合え、「仲間だよねー」という「連帯意識」に発展していくのではないでしょうか。

関わり方を育てる

以上のように、乳児期の友だち関係のいちばんの基本は、関心や活動を共にして共感し合うことだといえるのですが、その上で、友だちと自分との関係を調整する力が育ち始めることも見逃してはいけないでしょう。

友だちを自分と同じ行動主体だと理解し始めた子どもは、時には友だちを敬遠するようにもなります。行動主体である限り、相手の行動は予測できません。近寄っていくと乱暴されるかもしれないし、自分の持っているおもちゃを奪いにくるかもしれない。そういう漠然とした不安を感じて、友だちに近寄れない子どももいるようです。

そのような不安を乗り越えるためには、やはり友だちとの関わり方を知らなければならないでしょう。「イレテ」と言えば友だちは「イイヨ」っていってくれる。そのことを知るだけでも、子どもにとっては友だちとの関わりがずっと軽くなるはずです。「イレテ」「ゴメンネ」という、関係を調整する言葉を覚え始めるのは二歳過ぎからですが、これらの言葉は、単にひとつの言葉である以上に、友だちとの交わり方を知り、関わる勇気を子どもたちに与えるようです。

次にあげるのは、楽しい活動をふんだんに経験させてきたどんぐり保育園のゼロ・一歳混合クラスの年度末のエピソードです。一緒に活動する楽しさを込めた「イッショニ」「イイヨ」という言葉が見事に息づいて、子どもどうしの関わりを深めている様子がわかります。

楽しいすべり台あそびの中、とてもほほえましい子どもたちの関わりがありました。まさやくんが「オトナリイイヨー」とちょっと端に寄ってくれたり、のりくんが「イイヨ、ココ、イイヨ」といってみっくんと一緒にすべっていったり…とことばで譲ったり、誘ったりしながらあそびあう姿がありました。次の日もすべり台に行こうとしたゆうきくんが近くにいたあやねちゃんに「イッショニ…」と誘い、あやねちゃんが「サンニンデイコウカ」（二人なんですけどね）とすべり台あそびがはじまりました。

（伊藤実季子・森本真理「ともだちっていいな」、どんぐり保育園『まつぼっくり』第二六号、一九九三）

友だちとの楽しさが共感にあることをふまえた上で、その活動を実現するために必要な「関わり方」を楽しい雰囲気の中で教えていく必要があるのでしょう。そうすることによって、この時期の子どもの生活はいっそう楽しくふくらんでいくのだと思います。

なお、保育者の適切な指導によって楽しい友だち関係が展開されますが、それでもやはりトラブルは起こります。

発達の特徴に照らし合わせると、物の取り合いが頻発する理由は納得できます。おもちゃで遊んでいる友だちの様子を見て、それがとてもすばらしい物のように感じられるから奪いたくなってしまうわけです。同じおもちゃを与えてもダメ、友だちが遊んでいた、そのおもちゃがほしいわけです。他方、奪われる側の気持ちはどうでしょうか。自我がめばえてきた子どもたちは「自分のもの」にすごく敏感です。遊んでいたおもちゃを取り上げられたら、おもちゃがなくなった悲しさ以上に、「ボクノ物ヲ取ッタ！」という怒りがわいてきても不思議ではありません。奪う側と奪われまいとする側にそれぞれの思いがあって、かみつく、ひっかくなどの激しいトラブルに発展していきます。

一歳～二歳半頃のトラブルの解決は簡単ではありません。相手の気持ちや事情を理解する認識の育ちはまだ不十分ですし、まして、興奮しているときには相手に目を向ける精神的余裕も失われています。ですから、第二章で述べたダダコネへの対処と同じように、「○○ちゃんは、このおもちゃで遊びたかったの」「△△ちゃんは、もっとあそんでいたかったの」というように両者の気持ちを受け止めて興奮を沈静化させ、そのうえで、両者の言い分の交通整理をすることもひとつの方法でしょう。

しかし、それでもトラブルの解決は、なかなか難しいのが実状ではないでしょうか。

「順番」という言葉を早くから導入しても、その意味が分からない子どもは、「ジュンバン」と言いながら割り込むことがあります。「カシテ」という言葉も、「イヤ」「ダメ」という相手の拒否にあって、友だちとの関係を調整するには無力なことも結構多いものです。「もう少ししたら貸してね」「終わったら貸してね」と、余裕のある依頼のしかたをすれば、相手の子どもにも余裕が生まれて、まもなく「ハイ」と貸してくれることがあります。しかし、「もう少し」という言葉の意味が理解できない子どもには、このような対処も意味を持たないでしょう。

「ケンカの中で育つ」とよく言われますが、相手の言い分や相手の状況が必要な程度には理解できず、大泣きをするうちに自分の要求も忘れてしまって興奮だけが残りがちな年齢では、ケンカの意味はそれほど大きくないように思います。「友だちはじゃまをする存在だ」「友だちはかみつく存在だ」という印象だけを残すケンカでは意味がありません。ですから、この年齢では、それぞれの言い分を聞いた後で、関心を他へ向けさせてトラブルを早めに切り上げるという対処もかなり重要なのではないでしょうか。

友だちとの関わり方を身につける主要な舞台は、トラブル場面ではなくて、楽しい共感的な場面なのだと思います。そして、トラブルそのものをどう活用するかというよりも、トラブルの多い子どもは友だちとの共感的なあそびが少ないのではないかと考え、一人ひとりのあそびの内容を確かめてみることの方が重要なのではないでしょうか。

友だちとあそぶ楽しさを知った子どもたちは、友だちを求めるがゆえに、やがて、トラブルがあったときには自ら関係を修復しようと努力するようになります。次の例のように、友だちを求める気持ちを原動力として自らトラブルを解決していくことが、トラブルに対処する力を育てることになるのではないかと思います。

のりちゃん（三歳ゼロか月）、涼ちゃん（二歳八か月）、ゆうきくん（二歳一一か月）の三人で並んで楽しく絵を描いていたのですが、涼ちゃんが自分の描いたものを「リョースケノカバ」と言うと…のりちゃんが涼ちゃんの絵をのぞき込み「チガウヨ、コレトラダヨ。カバジャナイヨ」と一言。涼ちゃんはのりちゃんのその言葉にカ～ッとなって「チガウ！　リョースケノカバダワ！」　のりちゃんもカ～ッとなって「カバトチガウ！」と涼ちゃんの頭をごん！　そこでうわ～んと泣けて廊下を走る涼ちゃん。保育者は「ア～ア～」と思いながら、のりちゃんに「のりちゃん、涼ちゃん泣いちゃったねー」と話をして様子をみることにしました。のりちゃんはしばらくしてから描画をやめてふら～っと廊下へ。そして涼ちゃんに近づいていきました。その頃にはもう泣き声も小さくなっていた涼ちゃん。のりちゃんのことをじっと見つめています。どうなるかなーと思ってみていたら、のりちゃんがやさしい声で「モウシナイヨネ、シナイヨネ」と話しかけ、それを聞いた涼ちゃんは短い沈黙の後でのりちゃんの着ていたトレーナーの絵を指さして「コレナーニ？　コレ？」なんて言うのです。「コレ？　コレ、スヌーピーダヨ」とまたまたやさしく答えるのりちゃん。ここで隠れていた保母が見つかってしまい、「ナンカイルヨ～」と二人でキャッキャと廊下を走っていってしまったのでした。

（どんぐり保育園カメ組「涼介くんの中に育っていく自我と向かい合う中で学んだこと―自我

の育ちと人とのかかわり――」、どんぐり保育園『まつぼっくり』第二七号、一九九四）

一～二歳の子どもといえども、友だちとの関わりを十分に楽しめるし、友だちと関わるなかで、自分自身を豊かに育てていくことができます。しかし、自他認識が生まれたばかりの子どもたちにとっては、友だちがいさえすれば楽しいというのではなく、共感できる活動を準備し、友だちとの関わり方を伝えてくれる大人の存在があってこそ、「子どもたちの世界」が開かれていくのだと思います。

Club

第四章
気持ちよく子どもと暮らすために

――子どもの心の状態を理解する

第一章から第三章まで、子どもの発達について語ってきました。発達というのは子どもの比較的恒常的な変化・成長を意味しますが、子どもの状況を見ていると、一時的な変化もよく見られます。月曜日には日曜日の余韻を引きずって、ぼーっとしていることが多かったり、金曜日には一週間の疲れが出て活動に参加しなかったりケンカが多くなったりするというようなことです。心理的な状態は曜日によって変化するだけではありません。一日の中でも変化するし、数か月にわたって、特定の子どもの気持ちが崩れやすかったり、怒りっぽくなったりすることもあります。

心理的な状態の変化は恒常的な変化ではないので「発達」とは呼べないものですが、無活動状態であったり、イライラしていたりすると、それだけ子どもの活動が制限されるわけですから、毎日の生活の中から「発達の栄養」を摂取するチャンスが失われてしまうことになります。何よりも、子ども自身、状態が悪いときには日々の生活が楽しくなくなってしまうでしょう。最後の章では、そのような「揺れ」を「心理的な状態」という言葉で表して、子どもたちにより快適な状態を保障するためには何が必要かを考えてみます。

子どもの心理的な状態を理解するとは？

名古屋のみよし保育園が夜間保育を始めてしばらくたった頃、見学をさせていただいたことがあります。当時、みよし保育園は九時までの保育をしていましたが、全員が九時まで残るのではなく、早く仕事の終わった両親からお迎えに来て、いちばん遅い子どもが九時になるという意味です。このような保育の形は、遅くまで残る子どもにとっては、必ずしも快適とはいえません。なぜならば、お友だちのお母さんやお父さんがお迎えに来るたびに、「自分のお迎えはまだだ」という一種の「とりのこされ感」を味わわなければならないし、そのたびに心理的に不安定になったりするからです。とりわけ、多くのお友だちが帰っていく五時〜六時頃は、夜間保育に残る子どもは不安定になりがちだと思われます。みよし保育園では、そのような思いをさせたくないという意図から、夜間保育を受ける子どもと夕方に帰る子どもとで保育の場を変えたり、夕方の保育を工夫したりしてきました。

私が見学をさせていただいた日、一歳児クラスの男児一名が九時まで残りました。他の友だちはみんな八時半頃までには帰って、その後約三〇分間、保育者一名によって、一対一の保育を受けていたわけです。九時近くなって、お母さんが急いで職場から帰っていらっしゃいました。

「ただいま」と入ってきたお母さんを見たとき、その子はどうしたでしょうか。ようやくお母さんが帰ってきてくれたのだから「おかえりっ」と飛びつくのではないかと思っていたのですが、予想に反して、お母さんとは反対側の保育室に走っていって、紙芝居を一冊持ってきたのです。そして、「よんで」と、お母さんに頼みました。お母さんも、「はい」と受け取って、保育室に腰を落ち着けて、どこも省略せずに一冊をしっかり読むのです。

夜も更けてきて、親の気持ちとしては、一刻も早く家に帰って子どもを寝かせつけ、一日の仕事を終えてホッとしたいだろうに、と私は思っていたのですが、絵本を読むお母さんの落ち着きぶりは立派なものでした。保育者も、最後の一人の子どもが帰れば一日の勤務が終わるのですから、紙芝居などを読まずに早く帰ってほしい気持ちになるのが人情でしょう。しかし、その日の夜間保育を担当していた園長の柘植節子さんは、母子をせきたてる様子をみじんも見せず、紙芝居を読む二人の傍らに座って、にこにこと見守っていたのです。

紙芝居が終わると、子どもは自分で棚に片づけてから、すっきりとした表情でお母さんと二人、帰っていきました。

二人が帰った後で、私は柘植さんに、なぜ紙芝居を読む時間を保障したのかを尋ねました。彼女の答えは、おおよそ次のようでした。

「保育園がどんなに楽しくても、家庭で親に甘えるようにはいきません。園では、子どもは多少とも気を張ってがんばっているものです。あの子は、夜の九時までがんばりました。そこへお母さんが帰ってきたからといって、急に甘える気持ちへと、気持ちの切りかえができるものでしょうか。紙芝居をお母さんに読んでもらう時間は、がんばっていた気持ちを甘えられる気持ちへと切りかえるための緩衝地帯、一種の儀式なのではないかと思ったのです。紙芝居を読んでもらった後では、表情もすっきりして、『おかあちゃん、かえろう』となりましたよね。」

私は、柘植さんのこのような子どもの見方に、たくさんのことを教えられました。大人であれば、多少疲れていても仕事が始まると「がんばるぞ」と自分に言い聞かせ、自ら気持ちを引き立たせることができます。しかし、乳幼児の場合、甘える気持ちと活動に向かう気持ちとの切りかえは、何らかの外側からの働きかけで支えられなければならないのではないでしょうか。右の例では、紙芝居が気持ちを切りかえる「支え」の役割をしていたわけです。

このように考えると、子どもの気持ちの切りかえを支えるために、大人は無意識のうちにいろいろなことを行っていることに気づきます。

たとえば、送ってきた親が園を去るとき、子どもたちは握手をしたりでんぐりがえりをしたりして、親と別れる「儀式」をします。親と別れるとき、今までお母さんと一緒にいて甘えていた気持ちを、園の中で友だちといっしょにがんばる気持ちへと切りかえなければなりません。でんぐりがえりの儀式は、「きょうも一日、ボク、がんばるからね」という気持ちの切りかえのために必要なのではないでしょうか。親が急いでいて「儀式」を省略したり、逆に、「儀式」をした後でいつまでも園でしゃべっていたりすると、子どもは気持ちの切りかえに失敗してスムーズに保育に入っていけなくなるようです。午前中いっぱい気持ちがすっきりせずに遊びに入っていけなかったり、あるいは保育園の玄関先まで親について来て、「おかあちゃん、バイバイ。バイバイ」…と、いつまでも名残惜しそうに、けなげに親を見送り、親も後ろ髪をひかれる思いいっぱいで園を去らなければならないこととなります。

子どもの心理的な状態を理解したいというのは、このようなことです。時には甘えたい気持ち、時にはがんばろうという気持ち、時にはだだをこねてみたい気持ち。同じ子どもでも、時と場合に応じて、いろいろな顔を見せてくれます。大人から見れば、「扱いにくい」「育てにくい」と感じることもあれば、「関わっていて気持ちがいい」「かわいくてたまらない」と感じることもあるというわけです。「子どもだから、わがままを言いたいときもあるよね」と大らかに受けとめながらも、できれば気持ちのいい状態が多くなるように、関わり方や生活の組み立てなど、子どもとともに暮らしていく条件を考えていきたいものだと思います。

親と保育者とが子どもの状態をわかりあう

保育園は親と保育者とが協力して子育てをするところですが、その協力の中身は、「○○ができるようになった」という目に見えやすい成長を確認し合っていくだけでなく、子どもの揺れる心や心理的な状態についても両者でわかり合い、子どもが快適に生活できて、子育ても気持ちよく進められるように、協力し合って行くところではないでしょうか。その際、園の八時間は保育者の責任、家庭の一六時間は親の責任、というように、機械的に役割分担をするのではなく、子どもの二四時間を親と保育者とがわかり合い、子ども一人ひとりのよいところも弱点もわかり合って、子どもを育てる思いを一つにして協力し合えるまでの信頼関係を築けるかどうかが重要だと思います。

保育者との関係で、私にも忘れられない思い出があります。私の長男はある難病をもっています。発見されたのは、七か月のときでした。私は発達健診に従事して障害の発見をする立場にありましたから、自分の子に障害があってもしっかり育てていく覚悟はできていたはずでしたが、医師から「ケガで命を落とすこともあります。死亡率がもっとも高いのは、二～三歳の頃です」といわれたときには、この子の命は三歳までかも……という不憫さをどうすることもできず、病院の階段がゆがんで見えたものでした。病気が発見されたからには保育所に伝えなければなりません。連絡ノートに病気発見のことを書きながら、これを読んだ保母さんがどのような返事を書いてくれるのだろうかと、私は期待と不安とを同時に感じていました。予想していたのは両極端の二つです。ひとつは、そのような病気では責任が持ちきれないと退園をせまられること。もうひとつは、保育の専門家らしく、この子にあった保育方針をたてて、「いっしょに育てましょう」と励ましてくれることです。受け取った返事は、二つの予想のどちらともちがったものでした。「どうして、よりによって○○ちゃんがこんな大変な病気になってしまったのでしょう」「どうしたらよいか、途方にくれています」と、ノート三ページにわたって、細かい字でぴっしりと「泣き言」がつづられていたのです。それを読んだ私は、ショックを感じるほどうれしかったのを覚えています。保母さんが親と同じ気持で子どもを見てくれているという感動でした。考えてみれば、いかに保育者が専門家だとはいっても、何万人に一人の病気や障害のすべてを知っているはずはないわけです。知らなくてもいい――子どもを担任したときに勉強すればよいのですから。それよりも、子どもへの思いを共有できることの大きな意味を、心より実感しました。

「○○病」という診断がついたときには、話し合う内容が明確なので、父母と保育者との協力関係は築きやすいかもしれません。しかし、「子どもの心の状態」という曖昧なことを伝え合うのは意外に難しいのではないでしょうか。本章の冒頭で述べた、月曜日には日曜日の余韻を引きずって子どもがぼーっとしていることが多かったり、金曜日には一週間の疲れが出て活動意欲が鈍ったりケンカが多くなったりするという心理的な状態の変化は、保育者にはよく分かるようです。しかし、親の目には、月曜日も金曜日も、子どもの状態は同じように映るのです。

子どもの姿についての認識が保育者と父母とで一致していない場合、保育者が子どもの状態について話をすると、父母の側は何を言われているのかがわからず、漠然とした不安が大きくなったり、途方にくれることがあったりします。保育者の口調が不適切な場合は、「こうなってほしい」という親の焦りを高めて、「なぜあなたは、そうならないの！」と子どもを憎らしく思う気持ちをひきおこしてしまうことさえあるようです。

子育ての最終的な責任は親にあるとしても、父母と保育者とは、子どもを育てる者どうしという共通の立場に立って、お互いの育児方針や保育方針を交流しあえたとき、子どものよい面も改善したい面も率直に話し合えるのではないでしょうか。

どんぐり保育園の実践記録に次のような取り組みが描かれています。

二歳になったばかりの涼ちゃんがモヤモヤした状態にありました。廊下から一直線に走ってきて友だちに体当たりをしたり、友だちの髪の毛を引っ張って引き倒したりが続きます。そのような涼ちゃんの姿を保育者は「このモヤモヤは、睡眠不足が生理的にひきおこしていうような感じでした」と受けとめます。さらに「役員会、送別会などで夜遅くなることが続いた週には、とくに朝から、あいさつがわりやアプローチとは思えないほどの激しい押したおしがあった」というように、親と子の生活の忙しさとの関連でとらえなおします。

そして、このような状況を親に伝える一方、園でも様々な対応を開始します。「涼ちゃんのつもり・おもいをうけとめようとは思っているが、『涼ちゃん！』『お友だちが泣いているでしょ！』と強圧的なコトバのトーンでせまっていくコトバかけが多くなっていて、かみつきがおきそうな時には『あ〜！　涼ちゃん』と思わず大きな声になってしまっていたのでした」と保育者の対応を総括し、他方では「『ダッコチテヨー』と保育者に甘えてきたり、保育者を独占したくて『オッケノ先生』と友だちをよせつけない姿」などから、涼ちゃんの基本的な要求をくみ取ります。そして、保育者たちがもっともっと涼ちゃんの「つもり」によりそい、甘えたい気持ちをしっかり受けとめながら、涼ちゃんに対してはあそびの提案を持ってかかわろうと方針の統一をし、絵本や遊具を整えたり、ゆとりのある園の日課づくりに進んでいきます。

家庭の方も努力を開始します。「本当に先週は忙しく、子どもたちはもとより私もヘトヘトイライラ。毎日子どもたちを怒っていたような気がします。夜は遅いのに朝はいつも通りおきてもらわないといけないので、子どもたちも大変だったろうなと思います」という生活の見直しをして、涼ちゃんの甘えたい気持ちを受けとめ、抱っこしたり肌をふれあったりしようという努力が始まります。

園と両親とが協力しあった双方の努力の中で、涼ちゃんは少しずつ成長していったのでした。（どんぐり保育園カメ組「涼介くんの中に育っていく自我と向かい合う中で学んだこと」、どんぐり保育園『まつぼっくり』第二十七号、一九九四）

子どもが気持ちよく生活していて機嫌がいいことは、子育てを楽しくする大きな要因ではないかと思います。その条件を父母と保育者とが協力してつくりあげていけたら、子育てはいっそう楽しくなるのではないでしょうか。

「子どもと関わる」とは？

右のどんぐり保育園の例では、親の生活が忙しくて子どもと関われないとき、子どもの心理的な状態が不安定になることが示されていました。これまでの保育実践をみていくと、家庭の生活条件の変化――たとえば、家族の誰かが病気になって看病のために子どもと関わる時間がとれなくなったとか、親の仕事が急に忙しくなってくたくたになっているときとか――が、子どもの状態に大きな影響を与えることは事実のようです。保育者の側も、そういう時には「子どもと関わりを濃くして」とアドバイスをしたくなります。しかし、子どもと関わる時間がとれないから子育てがピンチなのですから、関わる時間を増やすというのは、無理な注文だと言えなくもありません。そこで、子どもと関わるとはどのようなことなのかについて、考えてみたいと思います。

息子が一歳の頃、担任の保育者に「この頃よく泣くし、泣いたらお昼頃まで泣きやまないので変だよ」と指摘されたことがありました。子どもの心理的な状態が、比較的長期間にわたって不安定になっているという指摘です。家では特に変わった様子も見られなかったのですが、午前中いっぱい泣いているなんて本人にとってもつらいことだし、何とかならないものかと悩みました。原因も手だても考えられないまま、せめて子どもと自然の中で遊ぼうと考えて、週末に車で遠出をしました。ところが、渋滞に巻き込まれ、目的地でも雨が降ってきて、遊ぶどころではありませんでした。何にもならなかったと反省して帰ってきたのですが、翌月曜日にお迎えにいくと、担任の保育者から「今日、とてもいい調子だったよ。すっきりした表情をしている」と言われたのです。

子どもが不安定になったとき、親子の交流が乏しくなったのではないかと考えて、せめて休日でも一緒にすごそうとするのはよくあることです。そういうとき、長距離移動で子どもの疲労をよばないように家の近くで親子で遊ぶことができれば、それが一番いいのでしょうが、「子どもの調子が悪い、なんとかしなければ」と思ったときには親は途方にくれているわけだし、途方にくれた親の頭に浮かぶのは、子どもが大喜びをするようなどこかへ連れていってやろうという「お出かけ」になってしってもしかたがないのではないでしょうか。私の場合もそういうケースでした。

ここで問題にしたいのは、一日中渋滞の車の中に閉じこめられただけなのに、翌日、なぜ子どもの状態が好転したのかということです。一歳の子どもが長時間車の中にいるというのは、それだけで大きなストレス状態ですから、親は子どもを飽きさせないように、窓の外に注意を向けては、車窓にうつるいろいろなことがらについて子どもと会話を続けるよりしようがありません。コンクリートミキサー車が通れば、「おおきいねえ、ミキサーがゴゴゴって動いているよ」というような会話を交わし続けることになります。今にして思えば、雨に降られたおかげでそういう子どもとの会話がたくさんできた、その経験が子どもの状態を好転させたのではないかと思うのです。

子どもは、「自分が理解されている」と感じられるときには心理的にも安定し、大人の言葉にも耳を傾け、物への取り組みでも粘りが出てくるように考えられます。

「自分が理解されている」というのは、どのような場面で感じられるのでしょうか。青年期を過ぎれば、自分の経験や気持を相手に伝え、相手がそれに共感的な受け答えをしてくれることで「理解された」という実感を得ることができるでしょう。しかし、乳児は言葉はまだ獲得途上にありますし、自分の気持ちを表現する手段もきわめて限定されています。乳児が「自分が理解された」と感じるために必要なのは、やはり共感的な三項関係なのだと思うのです。自分がある感情を持って対象を眺めたときに、親も同じ表情をして同じ物を見ていた。その時、子どもは自分と同じ感情が親の中にあるのを感じ取って、「分かってもらえた」という信頼を覚えるのではないでしょうか。

このように考えるならば、子どもと親との信頼は、特別なことをすることによって形成されるのではないということになります。保育園から帰る道すがら、地面にだんご虫を見つけて驚き合うこと、寝る前に絵本を読んで、たとえば『はたらくじどうしゃ』に出てくる消防自動車や救急車の一つ一つに驚きあうこと、そういうちょっとした共感の場が、子どもに「自分は理解されている」という実感をもたらし、心理的に安定した状態をもたらすのではないでしょうか。そのような親子の共感は、「関わり」というにはあまりにささやかなやりとりであり、活動の合間のちょっとした区切りとでも言うべきものかもしれません。たとえていうならば、忙しく歩いているときに道路ぎわに咲いているタンポポに目を留めるか留めないかという程度の、わずかなゆとりだともいえるでしょう。しかし、そのわずかなゆとりが、子どもの心理的な状態を大きく左右させるように思うのです。

あとがき

最初は親や保育者と手をつないで一緒に歩いていた子どもたちが、やがて大人の目の届く範囲で大人の前を歩き始める。そして、いつかは友だちと手をつないで大人から離れていく――子どもの育ちはこのようにイメージできるのではないでしょうか。ゼロ歳から三歳の時期は、その一番最初の時。大人と手をつなぎ、大人を仲立ちとして友だちとも手をつないで、周りの景色を見ながら、いっしょに驚き、いっしょに感動し、いっしょに笑って歩いていく時期だと思います。

書く前にはそれほど意識しなかったのですが、書いてみて改めて思うのは、この時期にもっとも大切なのは子どもと大人の共感関係、子どもどうしの共感関係ではないかということでした。そして、子育てや保育という観点から見て大切なのは、ワガママや強情をかいくぐりながら、子ども自身の育とうとする力をどう発揮させ、支えていくのかということだと思います。

それらのことを十分に描き切れたかどうか不安も残りますが、とりあえず、「乳児編」を閉じさせていただきます。

本文中でたくさんの実践記録を引用させていただきました。ご本人の意図とずれて引用した箇所があるかもしれません。引用と解釈の責任はすべて著者にあるということでご了承いただきたく思います。

本書を書く上でたくさんの方からたくさんのことを学ばせていただきました。みよし保育園やほしざき保育園、どんぐり保育園の保育者のみなさん、名古屋保育問題研究会のみなさん、愛知県小規模保育所連合会の保育者のみなさん。その他、本書にご登場願ったり引用をさせていただいたたくさんの方々に心からお礼を申し上げます。

『ちいさいなかま』連載中から、遅筆の私にあきれもせずつきあってくださった全国保育団体連絡会の実方伸子さんにも、あらためて感謝申し上げます。

一九九六年一二月

神田英雄

神田　英雄（かんだ　ひでお）
1953年　埼玉県生まれ
名古屋短期大学教授など経て、桜花学園大学教授
2010年３月　逝去
専　攻　発達心理学
著　書　『遊びの発達心理学』（共著、萌文社）
『幼児のあそび実践シリーズ』全５巻（共編著、労働旬報社）
『３歳から６歳―保育･子育てと発達研究をむすぶ〈幼児編〉』(ちいさいなかま社)
『伝わる心がめばえるころ―２歳児の世界』（かもがわ出版）
『保育に悩んだときに読む本』（ひとなる書房）
その他

０歳から３歳　保育・子育てと発達研究をむすぶ＜乳児編＞

1997年１月20日　初版第１刷発行
2014年８月25日　　　第14刷発行

著　者　神田　英雄
発行所　ちいさいなかま社
〒162-0837東京都新宿区納戸町26-3
保育プラザ
Tel 03(6265)3172(代)
Fax 03(6265)3230
http://www.hoiku-zenhoren.org/
発売元　ひとなる書房
〒113-0033東京都文京区本郷2-17-13
広和レジデンス101
Tel 03(3811)1372
Fax 03(3811)1383
Email：hitonaru@alles.or.jp
印刷所　東銀座印刷出版(株)

ISBN978- 4-89464-198-3 C3037